図解き **論理的 哲学史逍遙**

ポルフィリオスの樹にはじまる

山下正男

工作舎

第 1 部
正統の西洋哲学

第 1 部

正統の西洋哲学

I

筆者の素性からお話します

　これから西洋哲学の歴史をなるべくわかりやすくお話していきたいと思います。以下は筆者の私事にすぎませんが，1953年，筆者は京都大学文学部の西洋哲学史学科を卒業しました。なぜそんな学科を選んだかという理由をこれから説明します。筆者は旧制の第三高等学校へ入ったことは入ったのですが，ごく平凡な学生に過ぎませんでした。クラスは文科乙類でしてドイツ語が第一外国語でした。ドイツ語の習い初めからドイツ人の先生がネイティブの発音でドイツ語を叩き込んでくれたので，そのことはそれ以後ずいぶん助かりました。若いときの語学の習得は一生役に立つものでして，筆者がベルリン大学で講義をおこなったときにもそれは役に立ちました。

　旧制三高は京大（1949年5月まで京都帝国大学）から道ひとつを隔てたすぐ隣りにありまして，京大文学部の哲学の先生が，若い三高の学生に講師として哲学の講義をしに来てくれていました。戦後とはい

え，戦前の西田幾多郎・田邊元の京都学派の伝統が残っており，講師の先生も若くて兵隊帰りでしたが，京都学派の雰囲気をよく伝えている人でした。

ところで三高の学生は，よほどのことがないかぎり，道ひとつ隔てた京大へ進むのが普通でした。高等学校の文科の学生は，大学もやはり文科系の文学部か法学部か経済学部のどれかへ進みます。ところが筆者の同学年の卒業生には，大学への進学に当って文学部の哲学科に進む者が一人もいないことがわかりました。

そこで筆者は別に天の邪鬼でもないのですが，たいした考えもなしに哲学科を選んでふらふらとそこへ入れてもらいました。

入学は認めてもらったのですが，入るなりたちまち後悔しました。筆者には哲学などやっていける異様な能力などまったくないことに気がついたのです。しかしすでに哲学科に入ってしまったのだから，今さらどうにもなりません。そこでずるい手を考えました。

その当時の哲学科は純哲と西哲(西洋哲学史)に分けられていました。純哲とは純正哲学の略称でして，ほんものの哲学をやりたいという熱意に燃えた学生たちが集まるところです。筆者もいちおうその純哲に入れてもらったのですが，ひと月もたたないうちに，ここは自分にはとてもだめだと気がつきました。

しかし止めるとなると退学するしかありません。ところがわが家の事情から一年を棒にふって違うコースを一から受験し直すという道をとることは辛かったのです。そこで悪知恵を働かせました。純哲は辞めるとしても，西哲へ転科するなら許してもらえるだろうと考えたのです。

その当時の転科は大変なことでした。純哲の教授の許しを得，それから受け入れ先の西哲の教授の許しを得なければなりません。どちらかの教授の許可が得られなければ退学して出直しか手があり

ません。しかし今から考えても感謝しきれないほどのことが実現しました。どちらの教授も願いを許してくださったからです。

こうして京都大学文学部哲学科の純哲から西哲への鞍替えが，入学して間なしに実現したのです。

以上のようなしだいですから，筆者には哲学を語る資格はまったくありません。しかし西洋哲学史についてなら，なんとか話すことは許していただけると思います。

さて西洋哲学史学科の話ですが，この学科は古代西洋哲学史（ギリシア哲学史），西洋中世哲学史（カトリック哲学史），西洋近世哲学史の三つに分かれていまして，どれかに属さねばなりません。だから筆者はものには順序があると考えて，ギリシア哲学史の専攻学科に入れてもらいました。

昔の大学には大学院などありません。大学を卒業すれば社会に出なければなりません。だから短期間で各専門のプロを養成しなければなりません。したがってそのしごきぶりは相当なものでした。筆者は大学在学の間に古代ギリシアの哲学書をギリシア語で自由に読めるようになるための厳格な訓練を受けました。

望んで純哲から哲学史に移ったのだから，初めの間は哲学史研究からの逃亡は考えませんでした。しかし，ギリシア哲学科を卒業して一人前のプロになりますと，その先は翻訳をしたり，専門の論文を書いたり，一般向けの哲学史の本を書いたりして一生を終えるという既定のコースが待ち受けています。これはこれで十分立派な一生を終えることが可能ですし，成功例もたくさんありました。

しかし筆者には疑問が生まれてきました。西洋哲学史のうちの古代哲学史だけをやって，それを職人業として磨きあげ，それで一生を終えることに耐えられなくなりました。中世哲学史も近世哲学史もやらねばだめだと思うようになりました。大それた望みかもしれ

ませんが，一生を費やせばやれなくはないと思うようになりました。

　このようにやれば西洋哲学史の全貌が，ギリシア語，ラテン語，近代西欧語の原典を通して自分の目で読みとることができて万々歳ということになるはずだったのですが，ここで重大なことに気づきました。

　哲学史も歴史学の一環ですから，文献を原語で一語一句疎かにせず読まねばならないのが義務ですが，筆者はギリシア哲学の原典を読んでいるうちに，いたるところに見つかるくだらない箇所，間違っている箇所が気になりだしたのです。それが単純ミスならまだしもですが，くだらないこと，間違ったことが堂々と書かれているのです。

　それでも歴史家なら我慢して好意的にとり扱うべきなのでしょうが，筆者にはそんなことは我慢できませんでした。

　哲学者ヘーゲルは，自分より前の哲学者の書いたものはすべて阿呆らしいものであり，哲学史は「馬鹿者たちの著作の展示物」だとけなし，自分の哲学こそが史上最高の哲学だとのたまいました。しかし何のことはないヘーゲルの哲学もまた先行の諸哲学より劣るとも優らないしろものであることが，後になってはっきり証明されました。

　しかし，ほんとうにあらゆる哲学書が例外なく愚作であり駄作なのでしょうか。

　これが若き筆者の疑問でした。そこで哲学史とは別に，独学で論理学の研究に着手しました。もうそのころには古い論理学はガラクタとなり，新しい論理学，つまり記号論理学，あるいは数学的論理学こそほんものの論理学であるという，きわめて健全な学風が巻き起こっていました。哲学に疑問を抱き哲学史の研究までもいやになった筆者は，独学で数学的論理学の勉強を始めました。

その方面の文献を読んでみますと，論理学書であるのに，数学書を読むのとなんの変わりのないことがわかりました。数学書を読めばわかりますが，その著者の頭が悪かったり生半可の理解しかできていないのに紹介したりしている場合は別として，普通の数学書ならなんの抵抗もなくいちいち腑に落ちるという感じで読み通せるのです。数学的論理学の本も，数学という語が冠されていることに恥じず，すべてが納得できるという感じで読み通せるのです。

　この段階で，筆者は哲学史などやめて論理学をやろうとも思いましたが，これはいさぎよく断念しました。なぜなら数学的論理学のプロになるとすれば，文系の哲学科出身の人間は，数学科出身の人間にはとうてい太刀打ちできないことがわかったからです。

　このことは後になって記号論理学の本場であるハーバード大学で勉強して再確認したことであり，そこでは記号論理学は哲学科でも研究されていましたが，そのリーダーシップは数学出身者に握られていたからです。

　筆者は数学的論理学のプロになるのはあきらめましたが，論理学の研究は続けたいと思いました。しかし他方において哲学史研究の特技も捨てるには惜しいと考えました。そこで思いついたのが，哲学史と並行させて論理学史を研究することでした。

　論理学史をやってみて，これまた気づきました。ヨーロッパには，アリストテレス以来，古くさいといわれてはいますが論理学が存在しています。しかし論理学は哲学と結びついたり，哲学の中に隠されていたりしていて，論理学という学の一本立ちはできていなかったのです。

　こうとわかれば，付かず離れずの関係にある論理学と哲学を無理矢理引き離し，強引に独立した論理学史を書くよりも，哲学と論理学のもたれ合いの状況を歴史的に眺めていこうという考えに立ち至

りました。

　また哲学と論理学の二つだけでは，十分でないということもわかってきました。つまりヨーロッパの伝統は古代ギリシア以来，哲学と論理学と数学の三つ巴の状況を呈していたからです。だとすればそうした事態の全貌をつかむためには数学の習得が必要です。ですから筆者は理学部の数学科の講義を暇を見つけては聴講しに行きました。

　以上が筆者の生い立ちです。そしてそんなことを書き立てたのも，これから読んでいただく話を理解していただくための一助になると思ったからなのです。

2

ポルフィリオスの樹の図を
ご存知ですか

　これから西欧哲学史の話をしていきますが，初めにいわゆる哲学
と西欧哲学は別ものだということを説明いたします。哲学のもとの
言葉はギリシア語ではphilosophiaといいます。ヨーロッパの中世
では学問用語としてラテン語が使われていましたが，ラテン語でも
philosophiaといいます。これはもちろん音訳です。

　ヨーロッパの近世ではフランスではphilosophie，ドイツでは
Philosophie，英語ではphilosophyとなっていますが，依然として
音訳です。ただしオランダ語ではfilosofieと綴ることも稀にありま
すがwijsbegeerteという言葉が使われます。

　日本人は近世ヨーロッパ文化をまず蘭学という形で学んだのです
から，日本人はこのwijsbegeerteという語を通じてギリシア伝来の
哲学と最初の遭遇を遂げたのです。

　中世や近世の学者が古代ギリシアのphilosophiaを音訳せざるを

えなかったのは，自分たちが身近に使っているボキャブラリーの中からはいくら探しても適訳というべき言葉が見つからなかったからです。

　オランダ人はギリシア語はどれもその発音が嫌いで，どんなギリシア語も，強引にゲルマン語に属するオランダ語に意訳してしまうという誇り高い国民です。ドイツ人もその傾向はありますが，さすがにPhilosophieは音訳のままでした。

　そしてこのことは，古代ギリシア哲学というものが，中世以降のヨーロッパ人にさえ理解が困難なほど癖のあるものであることを意味します。

　オランダ語のwijsbegeerteにしても，wijs（知）はsophia（知恵）の意訳，begeerte（欲求）はphila（愛）の訳にすぎないのです。

　日本語の哲学も，もとは西周が希賢学というようにphilosophiaを直訳しただけで，これでは語感がよくないというので希哲学に変えられ，これでもまずいというので哲学となっただけの話なのです。

　以上のようにギリシア語のphilosophiaは，言葉だけから見ても異様な存在であり，そんなものを完全に理解することなど日本人にはもちろんのこと，同じ印欧語族に属する言葉を使っている中世や近世のヨーロッパ人でさえ不可能なのです。

　とはいえそんな絶望的な言辞を弄しても始まりません。

　しかし幸いなことに古代フィロソフィアなるものの全貌を教えてくれるすばらしい図があるのです。そしてそれが「ポルフィリオスの樹」と名づけられているものです。

　ポルフィリオスは3世紀のギリシアの哲学者であり，アリストテレスの論理学の解説書『カテゴリー論入門』を書いた論理学者でもあります。ギリシア哲学は6世紀の初めにその終りを迎えていますから，ポルフィリオスはギリシア末期の哲学者だといえます。

「ポルフィリオスの樹」はポルフィリオスの著作，すなわち『アリストテレスのカテゴリー論』を図解したものといえなくもないのですが，正確で完全な図解とはいえません。しかも「ポルフィリオスの樹」はポルフィリオス本人が作ったものではありません。しかし彼の死後ほどなくして作られたものに違いありません。

　7世紀以降は中世哲学の時代に入りますが，時代がくだるにつれ，スコラ哲学といわれ，ほとんどキリスト教の神学といってよい哲学が生まれます。しかしスコラ哲学が純粋の神学でないということは，スコラ哲学がギリシアの論理学を大切にしたことからもわかります。神学は最後のところでは論理学を平気で無視し，非合理的な教義を第一義とする学であり，論理学は邪魔で迷惑なしろものであるには違いないのですが，しかしスコラ哲学はギリシア哲学の伝統を尊重し，論理学を捨てなかったのです。

　以上のような事情のもとで中世哲学で使われる論理学の教科書には必ず「ポルフィリオスの樹」が掲載されているのです。これからこの「ポルフィリオスの樹」をもとにして哲学の話をいたしますが，その理由は，この図はもとはといえば論理学で使われる図なのですが，しかしそれだけでなくギリシア哲学のエッセンスをもほぼ完全に紹介しているものでもあるからなのです。

　ギリシア哲学は，プラトン哲学とアリストテレス哲学という二大哲学をはじめ、ストア派やエピクロス派なども含んでいます。だから現代の人間にギリシア哲学とはなにか端的に答えよといわれると返答に苦しみます。しかしギリシア哲学の終末期の哲学者は，ギリシア哲学の全貌を回顧することができたのですから，ギリシア哲学の総括もできたはずです。そしてそのみごとな総決算を一枚の図にしたものが「ポルフィリオスの樹」なのです。

　こうして「ポルフィリオスの樹」はギリシアの論理学を図解した

ものであると同時にタレス以来1000年余にわたって伝え続けられたギリシア哲学の成果をも封じこめた図でもあるのです。

20世紀初頭にB. ラッセルといっしょに数理論理学の大著『プリンキピア・マテマティカ』をまとめたA. N. ホワイトヘッドは、「西欧の哲学はプラトン哲学の脚注にすぎない」といいました。しかしこれはいたって器量の狭い態度です。案の定，彼の哲学はたいした賛同を得ることができませんでした。これから述べる話はもっと広い了見をもっておこないますので，最後までお付き合いくださるようお願いいたします。

3

ポルフィリオスの樹は
ギリシア哲学の総決算を表した
便利な図です

　まず「ポルフィリオスの樹」の原初形態を提示します。哲学は神学と違います。キリスト教神学は『聖書』に絶対的に依存します。そして『聖書』そのものは書き換えられることはありません。

　これからの話が依拠する「ポルフィリオスの樹」にも確かに原初形態が存在します。しかしそれは時代を追って書き換えられます。場合によっては書き加えも許されます。つまり「ポルフィリオスの樹」は進化をとげます。ですからそれはいくつかの段階を経過します。しかし「ポルフィリオスの樹」は古代末につくられたものです。ですからいちおうそれには尊敬を払います。だからこれからのお話は，かつて存在し尊重されてきた「ポルフィリオスの樹」に対する一連の脚注という形態をとりたいと思います。

　とりあえず原型に最も近い「ポルフィリオスの樹」を叩き台として提示します。それが図1です。

種本は13世紀のヨーロッパの諸大学で広く使われていたペトルス・ヒスパーヌス著『論理学綱要』の中の一頁といたします。

　『論理学綱要』はラテン語の書写本や活字本がいくつも残っており，筆者はヨーロッパのいくつかの図書館でそれをめくって指紋をつけてきました。そしてその本の中にあるラテン語のポルフィリオスの樹を底本にし，それを日本語に訳したものが図1です。ただしこれは底本そのままではありません。変更した部分を列挙しますと，①いちばん下にあるソルテス（ソクラテスの短縮形）とプラトンの削除，②5本の点線（破斜線）の追加，の二点です。この勝手な処置はそれ相応の理由があってのことですからご容赦ください。その理由を述べますと長くなりますので，それを述べるのも許してください。

　以上をお断りしたうえで，図1の説明に入ります。

　てっぺんの“実体”は正体不明のしろものですので敬遠し，“物体”，

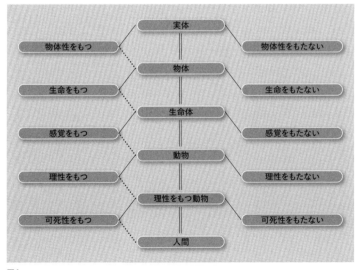

図1

"生命をもつ"，"生命体"の三つ組を考えてみます。この三つはどれも単語にすぎませんが，「"生命体"とは"生命をもつ"＆"体（物体）"である」というふうに繋ぎ合わせてみますと一つの文章になります。文章はギリシア語でロゴスといいます。論理学はギリシア語でロギケーといいます。だから，今のように単語を組み合わせてロゴスをつくることがロギケーの第一歩です。

　アリストテレスもこのことをよく知っており，（物体）＆（生命をもつ）＝（生命体〔生物〕）という式をつくり，さらにこの式を一般化し，〔類〕＆〔種差〕＝〔種〕という式にまとめあげました。

　こうしたトリオは図1をみるとずいぶんたくさん見つかります。図1の中でこうしたトリオを見つけるには縦の二重線と一本の斜線と一本の破斜線の三つ組を探せばよいのです。図1において原本にはない破斜線をつけ加えたのは，こうしたトリオをつくるためだったのです。

　図1で，論理学の基本となるトリオが5組見つかります。しかしこれは樹の右半分には見つかりません。右半分にも破斜線を入れると「生命体は生命をもたない物体である」という文ができあがりますが，この文は誤りですから困ります。だからわざわざ右半分には破斜線を入れなかったのです。

　このようにして図1は誤りを防ぐような仕組をもってはいますが，その代り左右対称の整った形にならないのです。

　「ポルフィリオスの樹」というからにはクリスマスのモミの木の形を思い浮かべます。しかしそれにしては図1のように非対称な形ではどうも気持が悪いのです。しかしこの非対称を対称の形に戻すには1700年間の努力を必要としたのです。

　図1は全体としての対称性は欠きますが，種差については，対称性をもちます。左側は「〜をもつ」という形容詞ですが，右側は「〜

をもたない」という形容詞だからです。そのため，この対称性は保存しながら図1の全体系をも対称化してしまうというのが長い間の念願だったのですが，この念願は20世紀になってハッセの図のようなきれいな対称性をもつ図の登場によって，やっとかなえられたのです。

以上で図1の説明を終り，図2の説明に移ります。

相変わらずこれも対称性を欠く図ですから癪にさわりますが，我慢しましょう。図2は図1から左半分を全部とっぱらったものです。そんなことをすればトリオはなくなります。ということは図1から論理学の要素が奪われることを意味します。しかし実はそれが目ざすところなのです。

図2は図1の右半分に少し手を加えたものです。図2でも実線はあります。そこではこの線で結ばれたペアの上端は類となり，下端

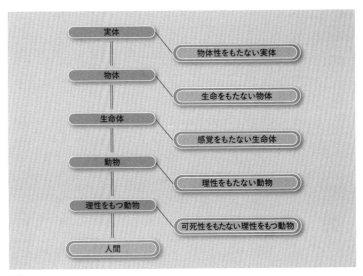

図2

3——ポルフィリオスの樹はギリシア哲学の総決算を表した便利な図です　023

が種となります。実際，“物体”は“生命をもたない物体”の類（上位概念）であり，“生命をもたない物体”は“物体”の種（下位概念）です。

図2ではこういうペアが5個見つかります。図1の右半分の5個は形容詞でした。しかし図2の5個は名詞です。だから両者を区別するために，図2の5個は二重のカプセルで囲みました。そして下端の“人間”も二重のカプセルで囲みました。すると二重カプセルで囲まれた名詞は合計6個になりました。そしてこの6個に共通の特徴は，樹の末端に位置するということです。ただし上端の“実体”は末端には数えません。

次に図3へ移ります。6個の末端のうち最下端の“人間”は一個の名詞です。だとすれば図2の5個の複合的名詞も一個の名詞にまとめたくなります。そしてそれは実現可能であり，その結果が図3なのです。ここでの名詞のうち，“鉱物”，“植物”，“獣”，“人間”は日

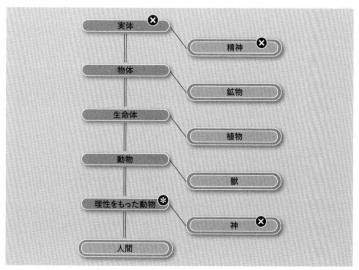

図3

常に使われる名詞です。しかし"実体"，"精神"，"神"といった語は哲学で使われる名詞です。だとすれば，図3をつくりだしたことで，ポルフィリオスの樹が哲学の分野にもかかわっていることがわかります。

　先にポルフィリオスの樹の図1にあるトリオの話をしましたが，これはポルフィリオスの樹の論理学的な顔なのです。しかしそうだとすれば，図3のほうは哲学的な顔といえます。だからポルフィリオスの樹はヤーヌス（両面神）だと形容してもよいでしょう。

　ヒンドゥー教ではブラフマン，ヴィシュヌ，シバの三神一体のトリムルティが崇められています。仏教では十一面観音というすごい仏がいらっしゃいます。しかしそれらにかかわって読者の貴重な時間を費やさせることはさし控えます。

　唐突ですがここで弁解させていただきたいことがあります。ポルフィリオスの樹という名称に含まれるポルフィリオスという哲学者は3世紀の人物です。ポルフィリオスの樹は確かに本人かともその後継者がつくったものです。そこで使われている用語はもちろんギリシア語です。しかしギリシア語版のポルフィリオスの樹の図を探し出すのは筆者の手に余ります。筆者はギリシア語の写本のエキスパートではないからです。筆者はいちおう中世文書の古文書学はマスターしました。そしてヨーロッパの古文書館でも実物の調査をした経験があります。だから図1も筆者のそうした経験にもとづいてもち出しただけです。この図についての詳細は236頁の1を参照してください。

　図1は13世紀の中世ラテン語版ですが，これが3世紀のギリシア語版の構造をそっくりそのまま受け継いだものに違いないことは確言できます。しかし図1はその後いろいろに書き換えられます。

　早い話が232頁でお示ししたものは1961年版ですが，ここでは樹

の幹に見られるこぶの数が6個から5個に減っています。どの時点で6個が5個に減り，さらには4個そして3個にまで減ったかを文献学的に調べ上げることは，それはそれで一つの業績といえるでしょうが，筆者はそれに興味はありません。そもそもそれは本書の趣旨に沿うものではありません。ですから本書においてそうした文献学的な情報を求めようとしても得られないことをお許し願いたいと存じます。

4

ポルフィリオスの樹は時代が
進むにつれて剪定が必要となります

　図3に戻ります。ここからは西洋哲学の話に入ります。この図が
ギリシア哲学の総覧図だということは前にも予告しました。この図
はギリシア哲学史だけを扱っているかぎりでは，たいそう便利です。

　しかし，西洋哲学史はギリシア哲学史だけで終わるものではあり
ません。実際，この図は西洋哲学の全歴史を扱うには適切ではあり
ません。だから，これから図3に大鉈をふるうことにします。これ
は筆者がふるったのでなしに，中世や近世の哲学者たちがふるった
ことを紹介するだけです。

　図3に3個の✖印と1個の✳印をつけましたが，この4個について
説明します。

　まず神が問題です。図でわかるように，理性をもった動物は人間
と神の二つに分かれています。人間は可死的(やがて死ぬべき)存在で
すが，神は不可死的(死ぬことのない)存在です。

神についてのそうした定義は古代のギリシア人の通念に従ったものにすぎません。日本ではイザナミノミコトが亡くなられたことからもわかるように，神も死にます。しかしそれらはいずれも神話世界の話です。ギリシアでも古代末期には，神も死ぬという人が出てきました。だからいっそのこと問題の多い神はポルフィリオスの樹のメンバーから削除してしまえという意見が登場します。しかし伝統というものは恐ろしいもので，図3からもわかるように図の上では神ということばはいちおう残されています。もちろんここでの神はキリスト教の神でなしにギリシアの神つまり異教の神のことです。しかしながらキリスト教が全盛という時代になりますと，神はキリスト教の神だけになります。

　中世キリスト教の時代はラテン語が使われていました。しかしラテン語は古代ローマ人のことばであり，古代ローマ人は古代ギリシア人と同様に多神教でした。古代ローマ人は神を意味することばとしてdeusというラテン語を使っていました。多神教ですから複数形のdeiも使われました。

　キリスト教の時代になると神は唯一神となりました。しかしそうなってもラテン語を使い続けていましたから，唯一神は大文字を使ってDeusと表記されました。そうすると文法上Deiという複数形は使えないので万事うまく収まります。

　ところが古代ギリシア時代から受け継がれた図3のポルフィリオスの樹には小文字の方のdeusが保存されています。キリスト教社会としてはこれは目障りです。とはいえたいそう便利なポルフィリオスの樹をまるごと捨てるにはしのび難いので，図3から神を除去するという操作が実行されます。すると自動的に“理性をもった動物”というしろものも消えます。そしてその結果，“動物”は“人間”と“獣”に二分されることになります。

以上のような偶然ともいえる小さな変更が，その後の西欧の哲学の歴史に決定的な影響を与えます。ギリシア・ローマの神を哲学からはずすことによって，哲学において神話からの脱出つまり非神話化が生まれてきます。このようにして哲学は神話などを相手にする必要がなくなりました。もはやゼウスやユピテルを論じる必要がなくなりました。

　ヨーロッパ中世では異教の神々はすべて駆除されてしまいましたが，その代わりDeusつまりキリスト教の唯一絶対の神が猛威をふるいます。そしてこのDeusを擁護する学つまり神学が生まれます。それゆえこの神学の前には，長年つちかわれたギリシア哲学は奴隷同然の地位に置かれます。そしてこれは「哲学は神学の女奴隷である」というモットーで表現されます。なぜ男奴隷でなしに女奴隷かといいますと哲学つまりphilosophiaが女性名詞だからです。

　そうはいっても哲学が奴隷の地位から免れる脱出路が見つかりました。先にいいましたように図3からギリシア・ローマの神は消されました。しかしそれにとって代わって力をふるいだしたDeusというものを図3のどこに置いたらよいのかということが問題になりました。しかしいくら考えても図3にはDeusの居場所がありません。だから苦しまぎれにDeusは図3のいかなるメンバーとも異なり，しかもそれらのすべてを超越する存在だという意見が出されました。キリスト教の神は超越神であるという主張です。つまり図3の全図の上に超越者のための特別席をつくろうというものです。しかし図3は厳格な論理構造をもっていますので，新参者のDeusに特別席をつくるのは自分たちの沽券にかかわります。そのうえ，Deusという特例を設けることは論理体系にとって自殺行為です。だからポルフィリオスの樹を丸ごと捨てないかぎり，ポルフィリオスの樹は新入りのキリスト教の神に居場所を与えようとはしません。だとす

るとポルフィリオスの樹，ただし神を省いたポルフィリオスの樹を認めるかぎり，哲学者はキリスト教の神の存在をいっさい無視して研究してもよいことになります。そしてこれは哲学の非宗教化，非神学化といえます。

　こうしたことは非キリスト教文化圏の哲学者にとっても一大朗報です。キリスト教の神など逆立ちしても理解できない不信心な大部分の日本人にとっては，慶ばしいかぎりです。

　キリスト教圏に属し，キリスト者であるヨーロッパの哲学者にとっても，神ぬきで学問ができるという枠組が存在することは，慶ばしいことに違いありません。

　図3に戻りましょう。図3にはまだ二つの✘印が残っています。実体と精神です。実体はラテン語ではsubstantiaといいますが，ギリシア語ではウーシア（ousia）といいます。日本語では仮に実体と訳していますが実体という二字を分解したら意味がわかるというものではありません。

　substantiaもousiaも，哲学者の中では古代ギリシア以来さかんに利用され，その内容も議論されてきましたが，結局いまだに統一した理解が得られていません。ということは実体とは得体の知れないしろものであり，そんなものはUFOのようなもので，論じることじたいばかばかしいと思う哲学者がでてきました。

　つまり図3から実体そのものを丸ごと消してしまおう，そうすれば無駄な時間を費やさずにすむというわけです。そしてこの意見に同調していったん実体というものを使うのを止めても，たいした不便もなく，かえって議論がすっきりしてくるということがわかりました。こうして実体を捨てますと図3の構造上，精神というものも捨てざるをえなくなります。

　精神というものは，心とか霊と同義と考えられていて，どの民族

もたいせつにしてきた概念です。だからこれを捨てるには抵抗があります。しかし仮に精神という概念を捨ててみても，たいして不自由は感じられないことがわかってきました。

　つまり精神というものを実体の一部と考えるよりは，人間の大脳のはたらきであり，"実体"ということばを"はたらき"ということばに切り替えればすむということもわかってきました。

　そうした場合，大脳はポルフィリオスの樹の最も下端に位置する人間の身体の一部であると考えれば，大脳は実体と精神ぬきのポルフィリオスの樹の中にしかるべき地位を与えることができるのです。

5

神と実体と精神という
三つの要素を捨ててしまうと
ポルフィリオスの樹は
スリムな姿となります

　こうとわかってくれば善は急げでして，図1という鬱蒼たる樹は，
さんざん刈込まれて図3から図4にまで縮小してもいいということ
になり，近世および現代では，哲学は図4の枠内で十分営めるとい
うことがわかってきました。

　ヨーロッパ中世にオッカムという優れた論理学者がいましたが，
彼は"Simple is best（単純なものが最良だ）"と主張しました。彼は論理
学者ですから「質素な生活がいい」とまでは主張してはいません。
彼はいわゆる思考経済（economy of thought）を唱えたのです。eco-
nomyは倹約という意味であり，思考というものは数学や数学的論
理学がその手本であるように，冗長でなく切り詰めた表現をとるほ
うがよいという主張です。

　思考節減の原則からいいますと，図5が最も簡単です。これは古
代ローマ以来の『博物誌（Natural history）』の骨組です。つまり万物を

鉱物と植物と動物の三つに分類するという方式です。この方式は日本でも戦前の中学校で採用されていたもので，理科の課目は，鉱物の学科，植物の学科，動物の学科に分けて勉強させられたものです。

　しかし図5まで切り詰めてしまうと中学生の理科の勉強には都合がよくても，この枠で哲学をやれというのなら困ります。少なくとも図4は必要でしょう。というのも哲学は自然をも対象にしますが，人間をまったく除外した哲学は成り立たないからです。その点でいえば図4は人間を含んでいるのだから申し分ないといえます。

　ところで図4をよく見ますと，これは図3(24頁)のポルフィリオスの樹の端末部分のうち4個の要素が残されたものであり，しかも"人間"に特別の席が与えられていることに気がつきます。つまり図4の骨組を見ますとトップに物体があるとして，この物体の直系の子孫は人間であり，他の三つは傍系とされていることがわかります。

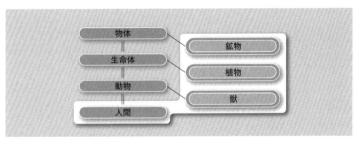

図4

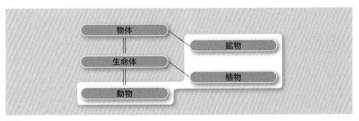

図5

これはポルフィリオスの樹の原初形態である図1から一貫して守られているゆるぎない序列です。そしてここから見れば人間研究こそが哲学研究，とりわけ古代ギリシア人の哲学研究の究極的な対象であることがわかります。だとすると哲学の主たる対象は，神でもなく自然でもなく人間だということになります。

　これはギリシア哲学の特徴をよく表しているといえ，ルネサンスの人々が神学の研究などはやめて，ギリシア人のやったような人間研究に戻ろうというルネサンス運動，つまりhumanities（人文学）を復興しようという運動を起こしたことからも明らかです。

　しかしギリシア哲学を人間中心主義の哲学として捉えるのは大きな間違いです。ギリシア哲学は図1，そしてそれの簡単化された図4の構造全体で捉えねばならないのです。

6

剪定された近世版の
ポルフィリオスの樹では物体が
大きな働きをします。
これを物体主義の確立といいます

　そこでもう一度図4を検討しましょう。そこにはもはや実体はありません。出発点は物体です。

　かつては物体の上に実体というわけのわからぬものが鎮座していました。そしてこのわけのわからぬものの研究を形而上学と呼んでいました。それはわけのわからないものの研究，つまりはっきりした形を越えたものを研究する学という意味です。どの民族も，はっきりした形をもたないもの，あるいは定かでないものを恐れ畏む<ruby>畏<rt>かしこ</rt></ruby>という心情をもっていました。

　しかしそのうちに「幽霊の正体見たり枯尾花」だと断定したり，「王様は裸だ」と叫ぶ者たちが出てきます。こうなると形而上的なるものの有難味が薄れてきます。すると頭を押さえつけるものがなくなった形而下的なものがトップに立ちます。そしてポルフィリオスの樹でいえば枯尾花の正体は物体だったのです。

このようにして形而上的なるものの廃棄は，哲学からいっさいの形而上学を一掃することを意味します。これは大掃除です。こうして哲学は神学からも自由になりましたし，形而上学からも自由になりました。そして精神の学からも自由になりました。哲学者はいやなら神を論じる義務からも形而上学的概念につき合うことからも，そして心霊や精神や心についての議論につきあうことからも解放されたのです。

　これだけの掃討作戦をおこなえば残るものは何もないことになるのかもしれません。残されたものは「無」だということになるかもしれません。あるいはガラクタだけが残ったのかもしれません。

　しかしポルフィリオスの樹を見ればわかるように，実体の下には物体が控えており，この物体が王座を占めることになるのです。だとすると哲学の新しい姿は物体主義だということになります。

　物体のラテン語はcorpusです。だから物体主義はcorporalismとなります。この語はmaterialism（唯物論）からはしっかり区別しなければなりません。

　唯物論ということばは忌み嫌われるべきことばです。弁証法的唯物論（Diamat）が嫌われるということもありますが，materialismのもととなった語のmateria（質料）は，forma（形相）と一対として使われることばであり，これはアリストテレスが使った形而上学的概念なのです。

　この一対のうち，formaはformula（数学の公式）という明確な概念に置き換えられましたが，materiaのほうはいくら頑張っても明確にならないわけのわからないしろものであり，それゆえ形而上学的概念としかいいようのないものなのです。だからそうしたmateriaからつくられたmaterialismも，しょせん形而上学的な思想であり，そんなものは消えても仕方がないしろものなのです。

そのような情けないmateriaに比べてcorpusのほうは珠玉のような概念です。先に述べましたように，corpusからcorporalismという哲学用語が生まれましたが，物理学（自然学）ではcorpuscle（微粒子）という語が生まれます。微粒物体という意味です。

　17世紀には光は微粒子からなるという説と，波の動きだという説が出現し，両派が激しく論争しました。初めはI. ニュートンたちの微粒子説が優勢だったのですが，C. ホイヘンスらの波動説も健闘し，19世紀にはJ. C. マクスウェルが光の電磁波説を出しました。ところがこれでも対立は収まらず，20世紀初頭にはA. アインシュタインが光量子説を出します。

　しかし最終的には量子力学の出現で，光は波でもあり粒子でもあるということになり，それはwavicleつまりwaveとparticleからつくられた新造語で表現されるようになります。

　ここから見ると光は初めはcorpuscleでもあるといわれていたのがparticleでもあるといわれるようになったことがわかります。実際particleは物体の微小体という意味でして，近世の古典力学で使われはじめた語ですが，20世紀に入って陽電子や中間子，ニュートリノなどが見つかり，こうした極微の物体が素粒子（elementary particle）と呼ばれるようになります。このように，ことばはcorpuscleからparticleへと変わりますが，後者も前者と同じく小さな物体（corpus）であることに変わりはないのです。

　このように見てきますと，図4のポルフィリオスの樹の頂上の“物体”は，20世紀には素粒子にまで姿を変えて生き延びてきたことがわかります。

　こうした物体はラテン語ではcorpusであり，ドイツ語ではKörper，フランス語ではcorpsとなりますが，英語ではbodyとなります。corpusよりはbodyのほうがなじみがありますので，bodyを英和辞

典で調べましょう。普通の辞書では使用頻度が多い順に並べられていますが、それに惑わされずに列挙しますと、①本体、②物体、③人体という系列を取り出せます。これは、ポルフィリオスの樹の幹の部分に合致します。この樹のてっぺんはsubstantiaつまりsubstanceですが、なんとbodyという語がお払い箱になった実体の代わりをつとめているのです。②は図4のてっぺんの物体です。これは天体などがその例です。

　bodyつまり物体は固体の姿でイメージされますが、固体以外に液体、気体などということばも使われます。しかし液体も気体も微粒子からなりたっており、微粒子は固体だとすれば筋が通ります。

　ポルフィリオスの樹では②の物体の下には生物体あるいは生命体がきますが、最後には人間がきます。しかしいままでの勢いからすれば人間というより人体といったほうがよさそうです。

　このようにして、bodyという語は①から③までの意味をすべてカバーします。他方ではこちらは偶然かもしれませんが、漢字の「体」もやはり三つの語の中にもぐりこんでいます。

　今は図4のポルフィリオスの樹の幹の部分だけを押さえましたが、この樹には3本の枝があります。しかしこの三つもてっぺんの物体の支配下にあることは明らかです。以上のことから考えてcorporalism（物体主義）の体系が、図4で示されていることの意味がおわかりになると思います。図4のうちの物体を扱う学が物理学、生命体を扱う学が生物学であり、動物を扱う学が動物学とすれば、人間を扱う学は差し当たり、人体生理学というべきものでしょう。そしてこれらの学はすべて近代科学に属します。

　こうしたことから見て、古代ギリシア人の哲学の総決算である古代のポルフィリオスの樹を採用し、不要部分を思いきりよく伐採を続けていますと、いやがおうでも近代科学にたどりついてしまっ

たのです。そしてこうみてくるとやはり古代ギリシア人の営みはすごかったということが実感されます。

　樹のシンボルはどの民族もみなもっています。その実例は『シンボル事典』で「木」の項目を引かれたら，それはいくらでも出てきます。ユダヤ人もゲルマン人も，そして中国人も宇宙の木をつくりました。しかし，それらのどれをとっても，そこには近代科学へと繋がる要素は何一つ見つからないのです。

7

ポルフィリオスの樹は実は
生物学上の樹ではなく，
論理学で使われる図なのです

　原初のポルフィリオスの樹は古代的な時代背景を背負っていますので，それをとり払った近代版は図4(33頁)となります。これなら誰も文句なしに利用できる枠組です。この図4は内容から見ても問題はないのですが，形式から見ても問題ないのです。

　そこで図4の形式を取り出してみますと，図6のとおりとなります。これは二分法といい，プラトンが開発したものです。これはポルフィリオスの樹の原図である図1(21頁)のようにモミの樹型ではありませんが，ほんとうはこのプラトン方式に戻したほうがいいのです。

　図6ではアルファベットが使われていますが，これは意味のある単語の頭文字を使っているのでして，それのもとの形は図8で示しました。これは中世で使われていたラテン語のものですが，そのもとはギリシア語です。図8に英語訳や日本語訳をつけたいと思ったのですが，必要ないと思ってやめました。英語の知識があれば意味

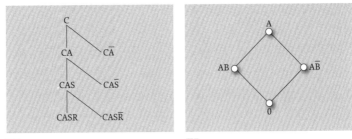

図6　　　　　　　　　　　　　　図7

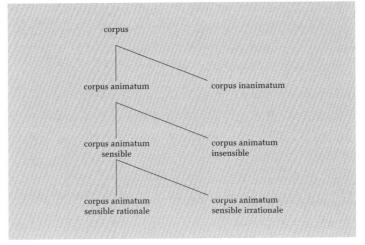

図8

は読みとれると思いますし，不安ならラテン語の辞書を引いてください。

　図6にはアルファベットの字の上に横線がつけられていますが，この横線（バー，棒）は否定の印です。図6ではこの棒が載せられている場所が3箇所あります。他方図8ではその箇所は"in-"あるいは"ir-"となっています。これはラテン語では否定を意味する接頭辞です。図6と図8を較べてきちんと対応していることを確認してください。

　図7を説明します。ここでは，A，Bという字母が使われています。図6のCやAはまだ意味を担っていたのですが，A，Bは意味を捨てています。単なる記号です。だから図7は記号論理学の図です。これは四つ組みになっています。しかしこれは図6のC–CA–C$\overline{\text{A}}$の三つ組を改造したものです。図6の三つ組は下方が開けっ放しになっています。しかし図7の四つ組みは下方が締まっています。だから四つになるのですが，第4の要素は0となっています。これは零クラスを意味しており，この0は図6の開けっ放しに対応します。

　だから三つ組をわざわざ四つ組にすることはなかったのですが，四つ組のほうは上下と左右という二つの対称性を得られますから恰好よく見えるのでそうしたのです。

　そうはいましても，本当の理由はそうした美的な姿をつくるということ以外に，論理学的な理由もあるのです。後になって詳しく説明しますが，この四つ組つまりダイア型がすべての記号論理学の基本タイプとなるのです。たかがダイア型などといわないでください。ダイア型は美的と同時にシンプルです。そしてここでも「シンプル・イズ・ベスト」の準則が働きます。しかしsimpleという語はcomplexという語を想起させます。simplexは一重を意味しますが，complexあるいはmultiplexは多重を意味します。complexは複雑・

錯綜という意味がありますが，もとの意味が多重であることがわかれば，複雑でもなんでもなくなります。そして多重といわれるもののもととなる一重がしっかり押さえられておれば，たいていのことは解決できます。

　論理学の仕組は実はそういうふうになっています。つまりシンプルな構造から多重な構造がつぎつぎにつくられるという仕掛けになっています。こうなるとシンプル・イズ・ベストでなしにコンプレックス・イズ・ベストとなってきます。こちらのベストのほうが先のベストよりも上等になります。だからスーパー・ベスト（超ベスト）といえます。しかしこの場合の「超」は別に超越というような難しい意味はもっていません。スーパー・マーケットが普通のマーケット（市場）より格段に便利だということは確かですが，スーパー・マーケットも一種の市場であることに変わりがないのと同じことです。

8

西洋哲学史では近世になって,
ポルフィリオスの樹とは
別の枠組が提案されました。
そしてそれがデカルトの二元論です

　古代ギリシア哲学の総決算はギリシア人の手によってポルフィリオスの樹としてまとめられたということは前述したとおりです。ポルフィリオスの樹の原初形態はなかなかよくできたものですが,やはり欠陥をもっており,その欠陥を除去するために,枝の思いきった剪定がなされ,近代版のポルフィリオスの樹が出現します。そしてこれは非常に使い勝手のいいものでして,現在でも十分使用に耐えるものです。

　しかしながらこのようなポルフィリオスの樹に対抗するかたちでR. デカルトによって新しい哲学のグランド・デザインが提案されます。デカルト以後の哲学者はポルフィリオスの樹のことなど忘れてしまってデカルトのデザインを絶対視して,哲学活動を開始します。そしてこの活動を記述しているのが,いわゆる西洋近世哲学史なのです。しかし近世数学史や近世科学史がじつにすっきりしたか

たちで叙述されているのに較べて，近世哲学史はなんとも粗雑であり，読んでいてもいっこうに楽しくありません。F. ヘーゲルが近世哲学史は「馬鹿者たちの著作の展示物」といいましたが，そういわれてみれば，確かにそのように思えてきます。

　しかしそんなことになった一因がデカルトの提案した哲学のグランド・デザインにあることは確かですので，デカルトのデザインなるものをまずお示しいたします。

　これまでに説明してきたポルフィリオスの樹の近代版と較べてこの図9をご覧になればさぞかしがっかりされたことでしょう。というのも近代版のポルフィリオスの樹ではきっぱり捨てられてしまった"実体"とキリスト教の"神"と"精神"が堂々と保存されているからです。

　図9についてコメントを加えてみます。実体などというわけのわからぬ概念を認めているからにはそれは形而上学です。次にそうした実体を認めているから，物体だけですませるところを，精神という余計なものをも認めることになっています。

　しかし何よりも困るのは，神をもメンバーに入れているという点です。ポルフィリオスの樹から神を剪定しましたが，この神はギリシア神話の神です。しかしデカルトの神はキリスト教の神です。すべてのヨーロッパ人は中世という長い時代の間に全員キリスト教の

図9

洗礼を受けました。失礼なことばを使わせていただければ完全に洗脳されてしまったのです。だからデカルトもキリスト教の神をはずすわけにはいかなかったのです。デカルトがキリスト教の神を哲学の枠組の中に据えたことで，近世哲学史のその後の運命は定まったのです。ですからヨーロッパの近世哲学を読むとき，それが純粋の哲学ではなく，キリスト教の神をたっぷり抱き込んだ哲学だということを覚悟しておく必要があります。そしてその意味でも近世版のポルフィリオスの樹のほうはギリシアの神もキリスト教の神もはずしているのだから気が楽になります。

　哲学事典には，宗教的観念論 (religious idealism) という一項が設けられています。宗教的とはキリスト教的という意味であり，観念論とはドイツ観念論という意味です。カント，フィヒテ，ヘーゲルもこの派に入れてよいでしょう。ヘーゲルにいたっては，神と精神を同一視していますので，この用語にぴったりです。しかしそれはデカルトが図9でつくったデザインに忠実に乗っただけの話です。

　明治以来，日本人は必死になってドイツ哲学を勉強してきました。英米の哲学よりドイツ哲学が優れていると思い込んだからです。しかしドイツ観念論は，哲学の皮をかぶったキリスト教神学なのです。ところが日本人のほとんどはキリスト教徒ではありません。そんな日本人が，なぜドイツの宗教的観念論あるいは宗教的唯心論を学ばねばならないのでしょうか。

　従順で事大主義的な日本人は，それでも必死でドイツ観念論のテキストをドイツ語で読みました。そしてそれを仏教用語を借用しながら日本語に訳しました。だからドイツ語を読めない人も日本語訳で読めるようになりました。ところがそれは日本語としてはいたって難解で，一読どころか何回読んでも意味がとれないのです。しかしそれでも謙虚な読者は，自分がいたらないからだと自分を責めま

した。

　そうこうしているうちに，日本の哲学者もドイツ観念論の本性が
うすうすわかってきました。そして一部の哲学者が，ヨーロッパに
キリスト教があれば，日本には仏教があると思いいたりました。ヨ
ーロッパにはキリスト教があれば，日本には神道があるという論者
もいましたが，理屈にかけては仏教のほうが上だから仏教を利用す
るほうが得策だということになりました。

　しかし仏教にはいろいろな宗派があります。そこでその中で禅宗
が狙われました。禅宗は坐禅を主とする仏教です。しかし禅宗には
仏心宗という別名があります。仏つまり釈迦の心を伝える宗派とい
う意味です。とにかく禅宗は心を大切にしますからそれを唯心論と
いってもいいでしょう。しかし唯心論だけなら哲学の一派にすぎま
せん。ところが心は心でも，仏心ということになれば，これは哲学
をはみだし宗教になります。しかしよく考えてみればドイツ観念論
もキリスト教的唯心論なのです。だとしたら仏教的唯心論が存在し
ても当然だということになります。そしてこの立場を鮮明に掲げて
活躍したのが西田幾多郎を祖とする京都学派なのです。

　先にも述べましたように，筆者は京都大学の哲学科に入りました
が純哲のそうした雰囲気にはついていけずに西洋哲学史に転科した
のです。これは純哲専攻の一友人から聞いた話ですが，哲学の勉強
で悩んでいたときに主任教授から禅寺へ行って坐禅をしてこいとす
すめられたそうです。「尼寺へ行きゃれ」といわれたオフィーリアみ
たいです。しかしそういうことを奨めた教授も，暇さえあれば坐禅
をやっていたそうです。

　これは筆者がアメリカで勉強していたときの話ですが，学生があ
る教授の哲学研究室に入れてくれと頼みました。そのときの教授の
返答は「君が宗教に関心をもち，この研究室でそうした研究をやろ

うとするならお断り」といったものだったそうです。

　筆者は京都学派の学風には追随できず哲学史に移りましたが，幸いにしてドイツ観念論を読まされる近世哲学史でなしにギリシア哲学史の専攻を選びました。そして必死でギリシア語の原典の解読に明け暮れているうちに，ポルフィリオスの樹の存在を見つけました。そしてこの古色蒼然たるポルフィリオスの樹が中世をへて近世にいたって近代版の姿をとっていくことを発見しました。ここでは神も精神も視野からはずされているのですから，そうした関係の難解な書物につきあうことから解放されます。難しいドイツ観念論の本を読む必要もありませんし，仏心宗の仮面をかぶった日本式観念論の本を読む必要もありません。そしてこういうことができるのもポルフィリオスの樹の近代版のおかげだということがわかりました。しかしこういう境地に達したのも哲学研究をいきなり近世哲学から始めたのでなしにギリシア哲学から始めたおかげだったのです。

　とはいえ近世も終り近代に入ろうとしているのに，なぜドイツ観念論のような不思議なものが出てきたのでしょうか。この問いに対する答えはデカルトのデザインにあるのでして，近代版のポルフィリオスの樹のデザインを枠組として採用すれば，そんなことにはならなかったはずです。

　デカルトは「我思う，故に我あり」という命題で近代的自我の存

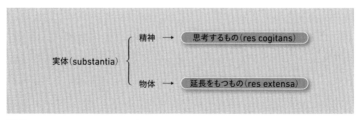

図10

在を押し出しました。しかしこういう大それたことを断言できたのも，その背後に神の支えがあったからこそなのでして，デカルトはもちろんそれ知っていたからこそ，我の存在とともに神の存在を勘定に入れることを忘れなかったのです。

　それでもやはりデカルトは近世の出発点に立った人間です。神の存在を否定はしませんでしたが，だんだん神を疎外するようになります。そして結局デカルトのデザインは図10のように切り詰められます。ですからドイツ観念論はデカルトの神の亡霊をもう一度呼び戻したにすぎないといってよいでしょう。

9

デカルトの二元論のうち延長の
アイデアは解析学という
新しい数学をつくりだすだけの
能力をもっていました

　図9と図10を較べてみましょう。図10では神は削除されています。
そして"実体"は"もの"（res）に置き換えられています。しかし"もの"
は"実体"と同じく形而上学的存在ですから，この置き換えはどう
ということもありません。ですからデカルトの創り出した新機軸は
cogitatio（思考）と extensio（延長）という新しい二つの概念にあります。

　デカルトの築いた近世哲学の基礎は，結局思考と延長という二元
論にあるといえます。しかしこれは，精神と物体というばかばかし
い二元論からの脱却を意味します。

　21世紀になっても mind-body problem（心身問題）が大真面目で論
じられています。しかしそれは，図9の古くさい枠組の中で争って
いるだけのことです。ところが思考と延長という二元論をとれば，
心身問題はたいした意味をもちません。

　それではデカルトが新しく提案した思考と延長の二元論からは何

が生まれたのでしょうか。そこからいろいろな結果が引き出されましたが，つまらない結果が生み出されるケースもあるし，いい結果が生み出されるケースもあります。そこでまず良い結果を招いたケースから紹介しましょう。

　延長から始めます。デカルトは哲学者であるとともに数学者でもあります。数学者としてのデカルトは解析幾何学の発明者です。解析幾何はx軸とy軸の二つの軸からなっています。そしてこの二つの軸はいずれも数直線なのです。数直線は一つの直線にいろいろの数を刻みつけたものです。

　デカルトのいう延長は，この数直線のことなのです。x軸とy軸を組み合わせると平面がつくられます。x軸とy軸とz軸の3本を直交させますと3次元空間が生まれます。そしてこれらも延長体といっていいでしょう。だから延長とは数学的空間のことなのです。

　ただしこれは数学的空間であって，物理学的空間とは異なります。物理学的空間は，x軸，y軸，z軸のそれぞれにメートルという物理的単位を与えることによって数学的空間からつくられます。また時間は，x軸にセカンド（秒）という物理的単位を与えることによってつくられます。しかし数学的空間は，そうした単位をもたない空間という意味で，物理的空間と似てはいますが，区別する必要があります。

　このようにして図10の延長なるものが解析幾何学という形でその正体をあらわしてきました。この正体は枯尾花なんかではありません。解析幾何学は瞬く間に微積分学に成長します。微積分学のことを解析学ともいいますが，これはそれが解析幾何学の発展したものだからです。

　微積分学の発見者は，ライプニッツとニュートンの二人だといいます。おそらく両者は独立に無関係で発見したのでしょう。記号表

現に長けたライプニッツは，∫や dx, dy など，今日まで使われている便利な記号を考案したものの，せっかくの微積分学を数学のままで放っておいたのですが，ニュートンは違います。微積分学を力学と組み合わせ，両者の二人三脚で，ニュートン力学と呼ばれるみごとな古典力学をつくりあげたのです。

　ここで哲学者であり数学者であるライプニッツは物理学者であるニュートンによって大きな差がつけられたのです。ニュートンはみごとな物理学的宇宙論をつくりあげたのに対し，ライプニッツはモナドロジー（単子論）という宇宙論をつくりあげました。ところがこれは B. ラッセルによって「お伽噺にすぎない」と揶揄されたようなしろものなのです。しかしなぜこれほどの差がついたのでしょうか。両人の数学の技量は五分五分です。だから話は数学の問題ではありません。

　もう一度図10を見てください。デカルトの提案したプランですが，それは精神と物体からなっています。そしてニュートンはためらいなく物体の立場に立ちました。物体を細かく砕いたものを微粒子といいますが，彼はその微粒子をさらには質点というものにまで突き詰めていきました。質点というものは現実世界には存在しません。幾何学的点とは大きさをもたないものですから，目には見えませんし，計ることもできません。だから数学的存在です。ニュートンは物理学を数学を使って構成したのです。

　ところがライプニッツは図10の精神に留まったままでした。モナド（単子）は，アトムと同じように分割不可能な存在です。だからそれは単子つまり最も単純なものという意味です。しかしライプニッツはアトムということばを嫌いました。アトムは微小物体を表すことばとして古代ギリシア以来使われてきたからです。だから根っからの唯心論者であるライプニッツは，アトムの代りにモナドとい

う精神的要素を無理矢理創出したのです。

　ライプニッツはこうしたモナドを使ってモナドロジー（単子論）と
いう宇宙論をつくりあげました。ライプニッツは優れた数学者であ
り，微積分までつくりました。とはいえ彼はせっかくの微積分学を
モナドロジーに応用することができませんでした。しかし数学者で
あるライプニッツは，微積分の代りにこれまた彼が創案した「組み
合わせ理論」を使いました。とはいえこの理論は幼稚であり，あま
り効力をもたないものでして，これを使ったモナドロジーはお伽噺
ではないにしても数学を隠し味に使った空想物語というべきもので
しょう。

　図10に戻ります。思考と延長の二元論のうち，延長のほうが大
成功を収めたといいました。実際，延長の概念を数学を通して物理
世界まで広げたものが現代科学だといって過言ではないのです。だ
とすれば思考のほうはどうでしょうか。デカルトは思考についても
論じていますが，たいしたことはいっておりません。デカルトは哲
学の出発点はcogitoつまり「我思う」だったはずなのに不思議です。
しかしその理由ははっきりしています。それはデカルトは数学を大
切にしたが，論理学のほうは力を入れなかったからです。というの
も彼は古代ギリシアから中世世界に受け入れられていた旧式の論理
学があまりに無力なので嫌気がさし，そうした論理を投げ捨てたか
らなのです。古い論理学を捨てるのはいいとして，それならそれに
代わる新しい論理学をつくればよいのですが，デカルトは数学に精
を出し，そんな余裕はなかったのです。

　先ほどニュートンの宇宙論に対しライプニッツの宇宙論は劣ると
いいました。しかしライプニッツには彼なりの取り柄もあるのです。
というのは彼はデカルトがやれなかった新しい論理学を独立で創ろ
うとしていたのです。彼は新しい論理学についていくつもの論文を

書いています。それを見ますと，古い論理学からは全面的に解放された新しい視野に立つ仕事でして，論理学史のうえでは，ライプニッツのこの仕事が近代の記号論理学の始祖とされています。彼の発想は確かに斬新ではありますが，完成度が低く，すぐに利用できるようにはなっていません。そのため19世紀のG.フレーゲの登場まで，誰にも注目されずに放置されることになりました。

　哲学史のうえでは，ライプニッツはドイツ哲学の元祖であり，彼の仕事をC.ヴォルフが受け継ぎ，I.カントもその流れに位置するとされるのですが，彼らドイツの哲学者たちは確かにライプニッツの哲学思想を受け継ぎました。しかしライプニッツの数学的業績も，ライプニッツのやり残した新しい論理学についての業績も受け継ぎませんでした。おそらくそれだけの能力がなかったのでしょう。

IO

デカルトの二元論のうち思考のアイデアが新しい論理学を生み出せばよかったのですが，案に相違して観念論という困った哲学を生み出しました

　デカルトの二元論のうち延長のほうは大成功をおさめたのですが，もうひとつの思考のほうの発展は，はかばかしくありませんでした。実際，思考というものの大切さが唱えられながら，思考の骨格となる論理学がないのは困ります。延長のほうは新しい数学を生み出したのに，思考のほうはそれに対応する堂々たる論理学が不在というのでは困ります。

　だから一時はデカルトが嫌うアリストテレス論理学の代りにプラトンの論理学が再利用されました。そしてこの仕事を早くから手がけていたのがペトルス・ラムスです。しかしラムスの論理学も力不足であり，とても解析幾何学に匹敵するだけの能力をもっていません。だからやむをえず，近世の哲学者たちは，デカルトの嫌ったアリストテレス論理学に小細工を施して再登用するしかありませんでした。

そしてカントでさえ論理学的な武器としてはアリストテレス論理学しかないことを認めています。しかしそのカントも自分の哲学をつくるうえでアリストテレス論理学を使ってはいません。使いようがなかったからです。

　アリストテレス論理学の無能ぶりに業を煮やしたのがヘーゲルでした。ヘーゲルはデカルトの二元論からいえば精神主義者です。だから新プラトン主義者の開発した神秘主義的な弁証法を復活させ，奇怪極まりない哲学体系を繰りひろげてみせました。

　ヘーゲルの弁証法はマルクス主義者に利用され，Diamat（Dialektischer Materialismus：弁証法的唯物論）として姿を変えました。しかし今ではこのディアマットも，ヘーゲルの弁証法的観念論ともども顧みられない存在となっています。というのも，そうした弁証法は人を煙に巻くことはできますが，実地に使ってみようとすれば無用の長物どころか有害でさえあることがわかったからです。

　人類というものは失敗を犯すものですから，そうしたしろものは悪夢を見たと思って忘れてしまいましょう。

　ところで論理学の話ですが，19世紀半ばになると，幸いにして念願の新しくてすばらしい論理学がつくられたのです。発見者はイギリスの数学者ジョージ・ブールであり，『論理学の数学的分析』(1847)と『思考の法則』(1854)という著書によって成し遂げられました。

　ブールの仕事はライプニッツの仕事とは直接関係はありません。第1作の題名からもわかるように，新しい論理学は数学者の手で成し遂げられました。もちろんそこで使われている「分析」は微積分学の別名の「解析」のことではありません。しかしそれに匹敵する業績だといえます。第2作『思考の法則』の原題はLaws of Thoughtですが，これはデカルト以後のありあわせの論理学がart of thinkingと呼ばれていたことを意識して名づけられたものでしょう。

図10で示されたようにデカルトは延長と思考の二つの存在を主張しました。思考のラテン語はcogitatioです。これはego cogito（我思う）から作られた名詞です。ところがこの「思考」はクラゲのようにぐにゃぐにゃしたものでしたので，デカルトの後継者たちは骨が必要だと考え，*Ars cogitandi*（『思考の術』）という題名のテキスト本をいくつも出しました。これはラテン語ですが，英語では*Art of thinking*といいます。そして*Art de penser*という本もつくられました。penserはJe pense（我思う）から来たものです。しかし，どれもアリストテレスの論理学の焼き直しであり，なんの新味もありませんでした。

　ところが突如としてブールが出現し，「論理の術」ならぬ「論理の法則」を提示したのです。これは看板に偽りなく，正真正銘の「法則」だったのです。ブールのこの「法則」は論理学としても歓迎されましたし，数学者の間でも認知され，論理学の法則は「ブール代数」（Boolean algebra）という形に仕立てあげられました。

　algebraは代数と訳されていますように，数学です。だからブール代数となると論理学が数学の一部に吸収されたような気持にさせられます。しかしそれは間違いでして，論理学の構造は数学の構造とはまったく相容れない独自なものです。だからalgebraという語を「代数」と訳すことをやめて「抽象的構造」と訳したほうがよいでしょう。またよく使われる「記号論理学」や「数学的論理学」という名称も，正確には「論理的抽象構造」とし，それを「数学的抽象構造」と対比させたほうがよいでしょう。

　ここまで話が進んできますと，図10の延長と思考の二元論は，数学的抽象構造と論理的抽象構造の二元論にまで成長してきたことがわかります。しかし，そうした名称は長すぎますので，現代のabstract algebra（抽象構造学）が使う束論と体論ということばを使っ

たほうがよいと思います。

　こうしてデカルトの二元論は，一方では大成功をおさめました。しかし歴史はそう簡単ではなかったのです。デカルトの二元論はまったく違った形で利用されたのです。そしてそれは見かけは派手だが内容は惨めなものでした。しかしヨーロッパの哲学を紹介するにはそれを見逃すことができないのです。

　　　　　　　　　　　　　　　　　　　　第1部　正統の西洋哲学

II

観念論のうちドイツ観念論は
論理学に無知であり文法を使ったが
故にトラブルメーカーの理論に
終ってしまいました

　図10が示すようにデカルトは精神と物体を「思考するもの」と「延長をもつもの」にいいかえました。こうした表現は複数の解釈を許すあいまいなものですが，先に述べた解釈は大成功をおさめました。

　しかしもう一つの解釈も施されましたので，こちらをも紹介します。哲学史とすれば，こちらのほうが本筋なのです。

　図11はデカルトの二元論に対する二通りの解釈を示すものです。そのうち抽象構造学のほうは前章で説明したので，第2の解釈に移ります。

　図10では「思考するもの」と「延長をもつもの」の"もの"は，substantia（実体）でした。ところがこの二つの実体がやがて主体と客体に置き換えられます。これなら三つとも"体"がつくからたいした変化はないのですが，それが主観と客観に変わりますと大変です。つまり"体"が"観"という字に変った段階で観念論が始まるのです。

こういってしまえば簡単に見えますが，その間に紆余曲折はありました。しかしそれは端折らせてもらったのです。

そこで主観と客観というところから話を始めます。この二語のもとのことばはsubjectと客観objectです。これは立派な哲学用語なのですが，同時に文法用語でもあります。そして文法ではsubjectは主語，objectは目的語あるいは客語と訳されます。つまり「AがBを見る」という文章では，Aが主語，Bが客語です。また「AがBを生かす」という文章でも，Aが主語，Bが客語です。

「AがBを見る」は「BがAによって見られる」と同義ですが，「AがBを見る」と「BがAを見る」は同義ではありません。こうした事態を文法学では「主語Aが客語Bを支配する」といいます。あるいは「主格Aは対格Bを支配する」といいます。この支配と被支配の関係は同位的でなしに，従属的です。そしてこの主従関係は水平的でなしに垂直関係です。

図10での思考と延長には上下関係がなかったのに，図11の主観と客観の関係は主従関係に変わってしまっています。これはデカルトの二元論にはなかった性質です。しかし主従関係になってしまっ

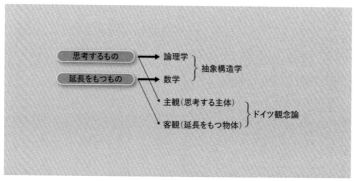

図11

たことには，デカルト自身にも責任があります。

　デカルトは彼の哲学の出発点をcogito（私は考える）に置きました。cogitoはego cogito（I think）を略したものです。だから考えることも大切ですが，egoのほうがもっと大切なのです。

　ユークリッドの幾何学の本は公理や定理といった文章から成っていますが，そこに「私」は出てきません。アリストテレスの哲学書にも「私」という語はいっさい出てきません。ただしアウグスティヌスの『告白録』は「私」だらけです。しかしこれは数学書でもないし，哲学書でもないから当然です。ところが哲学者デカルトは「私」という語を哲学の出発点に据えたのです。キリスト教の神も「私」を使いますが，デカルトの「私」は人間です。だとするとこのことから近世哲学は人間が主体となる哲学だといえるでしょう。

　そういえばギリシア哲学が自然中心の哲学であり，中世哲学が神中心の哲学であるのに対し，近世哲学は人間中心の哲学だといえば通りがよいかもしれません。しかしそれはとにかくとして，新しく登場した主観–客観のペアの出現によって思考する実体と延長をもつ実体のつくる水平関係が，主観が主，客観が従という支配・被支配関係になったのです。

　そしてここからとどのつまり，人間が自然を支配するという思想にまで突っ走ります。しかし，主観と客観という対立の枠組で世界を考えるのは，人間の思い上がりというだけでなしに，間違いなのです。こうした間違いは，主語と客語という文法概念を，主観と客観という哲学用語に誤用したことから出てきたものなのです。文法というものは，日常言語のルールを記述したものです。ところが日常言語は欠陥商品なのです。しかし日常生活では，欠陥商品でもなんとかカバーしながら大過なくやりくりしてきたのです。ところが哲学がいったん文法の欠陥商品を取り込み，それを珍重し固定化す

ると，ろくなことにならないのです。

　それだからこそ，論理学は日常言語の欠陥を完全に払拭する努力を続けてきました。これはプラトンやアリストテレスのソフィスト（詭弁家）退治から始められた作業です。そしてその努力が，新しい論理学の出現によって，初めて完成したのです。数学者や物理学者はもちろんこうした論理学を双手をあげて歓迎します。ただし宗教家や文学者はそうすることをためらうかもしれません。しかし哲学者たるものは，それをためらってはならないのです。

　このように見てきますと，デカルトの二元論の第二の解釈は，やっぱりまずいといわざるをえません。多くの哲学者たちが，たいへんな努力を払って第二の解釈にもとづく哲学をつくりあげ，膨大な量の哲学書を書いたのですが，一部のプロの哲学史家は別として，一般人は，そういう哲学書をありがたがって読まねばならないという強迫観念は，あっさり捨てたほうが賢明だといえるでしょう。

12

哲学の枠組としては
デカルトの二元論よりは近代版
ポルフィリオスの樹のほうが健全です

　これまでにデカルトのデザインについて検討してきました。このデザインによって，一方では抽象構造学の領域が開拓されました。しかしこれではもう哲学とはいえません。他方ではドイツ観念論という奇妙な哲学体系が生み出され，その分派がDiamatにまで行き着きました。Diamatは観念論ならぬ唯物論ですが，だからといってこちらのほうが優れているとはいえません。

　こういう結果を招いたからには，いっそのことデカルトのデザインはあきらめて，ポルフィリオスの樹の近代版を活用するほうが賢明だということになりそうです。そこでもう一度ポルフィリオスの樹に戻ることにしましょう。ただし今度は幹の部分だけに注目いたします。

　そのためには図8（41頁）を使うことにし，それを日本語に訳します。すると図12ができあがります。この図は鉱物，植物，獣の三つの

枝を切り落とし，幹だけにしてしまったものです。するとこの樹の根っこは「人間」だということになります。

　だから図12は人間に焦点を当てた図だといえます。しかしそれは確かですが，その人間が段階的に上昇することで物体につながっていることをも示すものなのです。つまりhuman bodyはbodyとつながっているのです。人間はhuman bodyですが，しかしsome-bodyとかeverybodyともいわれるように，そうした場合のbodyでもあるのです。

　図12を眺めましょう。人間が物体であり生命をもつということは当然のこととし，それは別にとりあげないことにしましょう。また“感覚をもつ生命体”をもとりあげないことにしましょう。というのも，その中には禽獣も含まれるからです。

　そうしたわけで，これからは哲学的なテーマを人間一本に絞ることにいたします。とはいえ人間を図12のような仕方で把握すると，どのような結果が出るのでしょうか。答えを先にいってしまいますと，人間とはまず健全な常識をもった人間という存在（human be-ing）であり，さらには科学を身につけた存在である，といったものです。

　突然ですが，ここで宮沢賢治の「雨ニモ負ケズ」の一節をあげます。
　　ジブンヲカンジョウニイレズニヨクミキキシワカリ

　これは強引な解釈かもしれませんが，デカルト以来盛んになったego（I，私）のことは正面に出さずに押し殺し，感覚器官を鋭く働かせて見聞し，それと知的活動を組み合わせることが大切だといっていると解することができそうです。そしてこの態度は，洋の東西を問わず，時代の古今を問わず，科学的思考に通じる至極常識的で当たり前な人間の営みだといえるでしょう。

　宮沢賢治の「見，聞き，知る」をカバーするような表をつくって

みましょう。すると、それが図13ですが、「見、聞き」は上段、「知る」は下段に入ります。このような枠組をつくり、仕事を始めますと残念ながら賢治の法華思想が入り込む余地はありません。しかし科学者賢治のほうはすくいあげることができます。

　ここで改めて図13の感覚と理性とは、図12における人間のもつ基本的な二つの特性を独立に抽出したものだということを確認しましょう。

　通常の西洋近世哲学史の教科書を見ますと、近世哲学には大陸の合理論とイギリスの経験論という二つの流れがあると述べられています。こうした二分法は、デカルトの思考と延長の二分法からではなく、ポルフィリオス式の感覚と理性の二分法から来たものであることは明らかです。

　ところで教科書にはまた、この合理論と経験論は、カントによっ

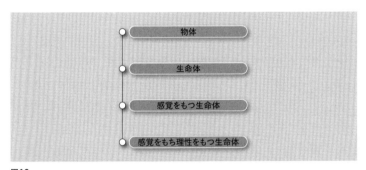

図12

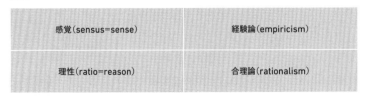

図13

て綜合されたというふうに書かれています。これも間違いのないところです。しかし，カントがそうした綜合に成功したかといえば，断固として否と答えねばなりません。むしろ失敗に終ったといったほうがよいでしょう。

　近世哲学史専攻の学生は，カントの『純粋理性批判』を必ず読まされます。ドイツ語原典からの訳読が義務づけられます。これは，なかなか苛酷な労働であり，かなりの時間とエネルギーを要します。

　以下は筆者がアメリカに勉強しに行ったときの見聞です。アメリカにももちろん哲学科がありますし，ヨーロッパ哲学を勉強する学生もいます。しかし彼らはカントも読みますが，ドイツ語では読みません。すばらしい英訳があるからです。しかも今さら読んでも意味のないような部分は飛ばしてあります。筆者もそれを読みましたが，ドイツ語原典を読んだり日本語訳を読んだりする場合とでは読むスピード感がまったくちがいます。もちろんアメリカの学生も猛スピードで短時日に読み上げます。そしてカントの言い分を完全につかんだうえで，猛烈なカント批判を始めます。

　カントによる合理論と経験論の綜合の仕方のどこがまずかったかは，ここでは申しません。カントの仕事が完璧なものであったとしたら，それを土台にして後継者たちはそれを踏み台に堅実な仕事ができたはずです。

　しかし，フィヒテ，シェリング，ヘーゲルといったいわゆるドイツ観念論の哲学者たちは，カントの仕事に依拠するというよりは，カントのような窮屈な仕事などやってられるかとばかりに，それぞれ野放図な哲学をつくりはじめます。こうした現象を一言で述べるなら，ロマン主義的反動と呼ばれる運動の一環だといえるでしょう。反動とは，カントのように几帳面な学風に対する反動という意味です。そしてこの反動の中身は，カントが意図した真面目な啓蒙主義

に反対する奔放なロマン主義だといえるでしょう。ロマン主義の常として，派手であることは確かですが，それはまともな哲学書というよりは，ロマン主義文学のジャンルに入れられても仕方がないようなしろものなのです。

　カントによる合理主義と経験主義の統一の試みはかなりいいところまでいったのですが，後継者たちによってぶちこわされるということになりました。そしてカントの遺志が実現されたのは，第一次世界大戦が終った後に，やっと出現した論理実証主義者あるいは論理的経験論者といわれる学派によってなのです。

　この学派の内容は哲学事典にも紹介されているから，それをご覧になってくださるとして，名称だけについていいますと，「論理」ということばは合理論の系譜をカバーするものであり，「実証主義」ということばは経験主義の系譜をカバーするものであるといえます。だとすれば，それは合理論と経験論の統合といえるかもしれません。

　しかし実をいえばそんなに簡単なものではありません。カントの時代から20世紀までの学問，とりわけ自然科学はおそるべき発展をとげており，カントの哲学と論理実証主義との間には，オタマジャクシがカエルに変態するようなありさまになってしまっているのです。

　カント哲学と論理的経験主義の違いは，この両者が，科学を全面的に取り入れることで成り立っている「現代哲学」にいたる変態の道筋のどこに位置しているかの違いによるものといえます。

　カントは自らの哲学をつくるうえで，同時代の物理学を謙虚に学び，それをできるだけ取り入れようと努力したことは確かです。しかし残念ながら，その取り入れ方は不徹底でした。これに反し論理実証主義者たちは，すでに科学自体がニュートンの時代より長足に発展していますし，そのうえで彼らはそうした科学を，ためらうこ

となく自分たちの哲学に取り入れたのです。そしてもう一つの決定的な要素は，カントの時代にはなかった近代論理学を論理実証主義者たちがフルに利用したという点です。

このように最新科学と最新論理学を武器とする論理実証主義の前には，弁証法的観念論も弁証法的唯物論も，科学を十分取り入れなかったがために当然のことながら退場を余儀なくさせられたのです。

以上がデカルトから始まるヨーロッパの近世哲学のあらましです。哲学史の書物は退屈なものですが，「現代の哲学」をも勘定に入れてその筋を追っていくと，がぜん面白くなるものです。これは，今では退屈なものになってしまった近世科学史に対し，量子力学と相対性理論が加えられた新しい科学史を読むときに似た昂奮と同じだと思えます。

13

人間は感覚と理性をもつという
ポルフィリオスの樹のテーゼのうち，
理性なるものの正体を
あばき出して見せます

　近世哲学の出発点に立つデカルトの二分法よりも，ギリシア以来
の伝統に立つポルフィリオスの樹の二分法のほうが，現代の哲学を
見るうえでも有効なことは前述のとおりです。

　しかし図13の二分法には，まだまだ改良の余地があります。図
13は元はといえば図8のポルフィリオスの樹の下端にあるcorpus
animatum sensibile rationale（sensusとratioをもつ生命体）から引っ
張り出されたものです。

　この二つのラテン語のうち，sensusは英語のsenseとなり，こち
らはまともな方向に向かいます。senseはcommon sense（常識）と
いうように使われますし，他方，科学でも感覚器官の延長として，
各種の物理的観測器械が感覚の不備を補います。そしてsensor（セ
ンサー，感知装置）も発明されます。他方第六感とか超感覚というこ
とばは使われはしますが，それはことばだけだとして聞き流しまし

ょう。

　哲学で問題を起こすのはratioのほうです。この語は簡単に理性と訳されますが，なかなかの曲者です。ヨーロッパ哲学における最も大切な概念の一つが理性ですが，これには「近世版の理性」と「古代版の理性」があります。つまり「理性」はヨーロッパ哲学史の古代から現代までを貫いている凄い概念なのです。

　他方，理性は中国では朱子学でも大切にされていますし，仏教でも「理」は大切な概念です。

　しかしヨーロッパの理性の「理」は，そうしたアジア的な理を寄せつけない特異な存在ですので，そのほうを詳しく見ていくことにします。

　まず近世版の理性から見ていきましょう。カントの『純粋理性批判』には題名に理性という文字が含まれていますし，ヘーゲルの『歴史における理性』にも，「理性」ということばが含まれています。しかしこの両者では「理性」の内容が大きく違います。

　近世ではいろいろの哲学者が理性という語を好き放題に使っています。そうした理性のもとになる語は人間の定義「人間は理性的動物である」の理性から派生したものですから，rationaleというラテン語，そしてratioというラテン語が近世ではどう解釈されたかを図14に示します。

ratio（理性）
reason〔英〕, Vernunft〔独〕（狭義の理性）
——高貴な知——
understanding〔英〕, Verstand〔独〕（悟性）
——賤しい知——

図14

図でご覧になればわかるように，理性は二種類の知というかたちで二分されています。しかもこの二つには「高貴な」と「賤しい」という身分差が与えられています。英語のreasonはratioのかたちを継ぐもので，いかめしい感じがしますが，understandingはくだけた感じがします。せいぜい分別というところでしょう。ドイツ語のVernunftはカントが正面から格闘した概念でして，狭義の理性，哲学的な理性です。他方Verstandは，日本では長らく悟性という語で翻訳されてきましたが，この「悟」という字は禅でいう悟りという高尚な意味でなく，単に「ああそうなのか」とさとる通常の意味しかもっていません。

　理性という語が貴と賤の両方に分けて扱われるのは，哲学者の聖業意識から来たものであり，自分たちが研究しているのは高貴な知性だけだということを誇示したいためなのです。世俗知より高踏な知がありがたいぞというわけです。だとすると世俗知や科学知は一段下に見られます。

　しかしこれは哲学者の思い上がりでして，時代が進むにつれ，分別という世俗知，分析理性という科学知のほうが大切だということがわかってきます。近代初期の科学者の地位は低いものでした。今でも高くなったとはいえませんが，だんだんその真価が見直されてきたことは確かです。

　カントをはじめドイツの哲学者は高貴な理性が存在すると信じ，それを追い求め，それをつかみ取ったと確信しました。しかしそうした理性は「山のあなた（彼方）」にしかなかったのであり，「涙さしぐみ」敗退することになるのです。

　そういうわけで近世哲学者たちの高貴な理性探究のお話の紹介はやめることにします。しかし近世哲学がなぜ敗北したのかの理由ははっきりしています。彼らは図14の枠組で哲学を学んだからです。

だとすればratioに対する図14のような解釈がまずかったといえるでしょう。このようにratioの近世的な扱いがまずかったとすれば、それを反省するためにも、ratioの本来の意味、つまりギリシア哲学で考えられた意味に立ち戻るしかありません。それを図にしたのが図15です。

枠組は図14と似ており、一対一に対応していますが、ここではギリシア語が使われています。そしてその語義はプラトンに依拠しています。

図14では「人間はanimal rationaleだ」という定義にもとづいてratioの意味を解明したものです。ところが古代ギリシアでは人間の定義はギリシア語でzoon noetikon（理性的動物）となっています。zoonはギリシア語の動物ですが、ここから英語のzoo（動物園）がつくられました。

それはさておき残りのnoetikonからnousを抽出し、それを分割したのが図15なのです。つまりヌースはノエシスとディアノイアに分けられていますが、これらは三つとも同一語根をもつ親戚同士のことばです。ところがノエシスとディアノイアには、明らかにことばのうえでの身分差が感じとれます。実は図14の身分差は、図15のそれを引きずっていたのです。

図15はプラトンの用語です。だからプラトンはノエシスつまり

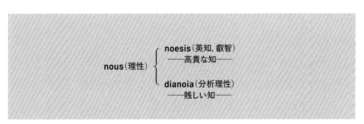

図15

英知という能力が，天上にある高貴なるイデア（形相）を把握できると考えたのです。いやそれどころか，イデアを見ることができるといいました。他方でディアノイアのほうは，イデアを見ることはできないが，幾何学的な形は見ることができるといいました。

　現在の初等幾何学のテキストには，丸や四角や直線や点がいっぱい描かれています。そしてこれらは肉眼で見ることができます。しかし本当の点や線は肉眼では見えません。顕微鏡を使っても見えません。

　というのもユークリッドがはっきりと定義したように，点とは大きさのないものであり，線とは幅のないものだからです。だからそれは肉眼では見ることはできません。しかしディアノイアによってなら，見ることができます。だからディアノイアは幾何学者だけがもっている目です。

　ただし幾何学者も肉体をもつ生き身の人間ですから，肉眼しかもっていません。だから幾何学をやる場合にはそれに必要な眼鏡をかけねばなりません。イデアには善のイデア，正義のイデア等々，高貴なものがいくつもあります。しかし幾何学者用の眼鏡ではそんなものは見えません。イデアを見るには極上の眼鏡が必要なのです。

　こんな眼鏡はそこらでは売っていません。それを手に入れるためにはプラトンの経営するアカデメイアという哲学の学校へ入門しなければなりません。しかしそのアカデメイアの校門には「幾何学を知らざる者はこの門をくぐるべからず」という文句が掲げられていました。

　アカデメイアは「葷酒山門に入るを許さず」と門の脇の戒壇石に刻んだ禅寺みたいなものです。

　これを図15に即していいますと，ノエシスを手に入れるためにはアカデメイアでものすごい研鑽を積まねばならないのです。しか

しそれで果してイデアが見られるのでしょうか。プラトン自身は自分はイデアを見たといっております。

　しかし長い間アカデメイアで勉強を続けたアリストテレスは見たとはいっておりません。アリストテレスはイデアを見ることは諦め，イデアの研究を打ち切り，イデアの研究からエイドスの研究へ移ります。ギリシア語としてはideaとeidosは同義ですが，アリストテレスはideaという語の使用は避け，eidosのほうを使うことにし，このeidosはプラトンのいうイデアではなく，"類"だとみなしました。

　類という意味でのeidosはラテン語ではspecies（種）と訳されていますが，この種とgenus（類）とを組み合わせるとクラス論理学をつくることができ，ポルフィリオスの樹もこのクラス論理学を応用してつくられたものなのです。

　図15に戻ります。プラトンは理性をノエシスとディアノイアに分けました。そして前者はイデアを見るためのもの，後者は幾何学的な形を見るためのものと振り分けました。

　しかし哲学者ならぬ常人の目からすれば，後者のほうが近づきやすそうです。もちろん幾何学的な図形は視覚という感覚によっては見えないとしても習練を積めば数学的な感覚あるいは数学的な知性によって見ることができます。現に小学生も中学生も見ております。

　ここで改めてdianoiaというギリシア語の中にdia-という語があることに注目しましょう。dia-は分けるという意味の接頭辞ですから，dianoiaは分析理性と訳すべきです。そしてプラトンはこの分析理性によって幾何学さらには数学が営まれるといいます。プラトンが分析理性の対象は数学であると断言していることは哲学史上特筆すべきことです。

　他方アリストテレスもやはり分析理性によって論理学をつくり上げたのです。これも二番目に特筆すべきことです。しかしプラトン

とアリストテレスの後続者であるいろいろの哲学者たちは，この二つの事実を忘れて哲学の研究にはげみますが，これは誉められたことではありません。

　プラトンのディアノイアとノエシスは，仏教語の分別智と無分別智に相当します。ノエシスは分別する知ではないからです。しかし仏教語についていえば日本の民衆たちはしたたかでした。無分別智など有難くは思わず，無分別とはあとさきのことを考えない愚かなものだととらえます。そしてお坊さんの有難いお説教に対し「無分別なことをおっしゃる」と応じたのです。

　事態はヨーロッパのほうが深刻です。ヌースという高尚な知をふりまわす哲学者に対し，ただの庶民たちは数学と論理学という二つの武器をふりかざし，攻撃をはじめるようになったのです。しかし話を先走りすぎました。というのも，そんなことになるのはヨーロッパでも2000年もの月日が必要だったからです。

　アリストテレスに戻ります。プラトンはイデアを見たといいました。しかし他の哲学者の中にはイデアなぞ見えるものか，そんなものはありもしないと毒づく者もいました。プラトンの弟子のアリストテレスにも見えなかったはずですが，見えなかったとは高言しませんでした。彼はイデアは見なかったのですが，だからといって，ノエシス（英知）の存在を否定しませんでした。それどころかそれを優遇し，それについていろいろの説を立てました。そして彼がそうしたからこそ，アリストテレスは単なる論理学者で，単なる自然研究者だといわれずに，哲学者，しかも大哲学者だといわれているのです。

　ヨーロッパではすべての哲学者はプラトン派かアリストテレス派かだといわれます。ラファエロの描いた「アテナイの殿堂」の絵には，そのど真ん中の場所をプラトンとアリストテレスの両人が占めてい

ます。この二人のうち，プラトンは天上を指さし，アリストテレス
は地上を指さすというポーズによって，学風の違いが表現されてい
ます。

　しかし両人とも図15という共通の枠組で哲学を営みました。そ
してこの図15は近世になっても図14として引き継がれます。伝統
というものは恐ろしいものとしかいいようがありません。しかし両
図には決定的な違いがあります。つまり図15ではしっかりと勘定
に入れられていた数学と論理学が，図14ではきれいに脱落してい
るのです。図14のほうが数学も論理学も切り捨てたのだから純粋
の哲学となってよかったと思う人がいるかもしれません。しかしそ
れはまちがいです。

　カントもそれ以後の哲学者もさすがにプラトンのように俺はイデ
アを見たのだといいませんでした。しかしideaの代用品として，
観念というものを発明しました。観念を表す英語はideaであり，
ドイツ語はIdee（イデー）です。そしてこれが近世の観念論といわれ
るものです。カントもヘーゲルも観念をものすごく尊重しました。
そしてそれと反比例して論理学や数学が哲学の範囲から逃げ出して
しまったのです。しかしこういう類いの哲学をつくったのは失敗だ
ったということがやがてわかってきます。ideaという語はプラトン
のイデアという意味から，近世哲学では観念という意味になり，現
在では「good ideaが頭に浮かんだ」というふうに，単なる日常生活
の中で生きています。ただしグッド・アイデアは単なる思いつきと
いう意味ですから，これは誰もがしょっちゅう経験していますが，
そうした思いつきが数学と論理学で武装された科学によってしっか
り支えられていなければ，それはすぐに夢となって消えていくこと
も日常的に経験するところです。

14

人間の定義としては
理性的動物よりも
論理的動物のほうが
好ましいでしょう

　「人間は理性的動物である」とはヨーロッパ哲学の大切な考えです。しかし理性という語は一語で表現されるのでなしに，図14と図15で示されたように2通りの表現をもちます。しかし本当はもう一つあり，合計3通りの表現をもっているのです。図14は "man is a rational animal" という定義からratioをとりだし，それにもとづいたものです。

　次に図15は「人間はzoon noetikonである」というギリシア語の表現からnousをとりだしたものです。しかしギリシア語では「人間はzoon logikonである」という表現も使われます。するとこの場合，この定義からlogosという語をとりだし，このロゴスが理性だというふうにも考えることができます。

　そこで図14，図15に続いて図16をつくりあげることにします。

　図16の説明をします。logosはlegein（語る）という動詞からつく

られた名詞であり，だからコトバというのが語義です。このlogos（コトバ）という語にも高貴と卑賤という身分差がまといつきます。高貴なほうのロゴスはギリシアの古典哲学で理という哲学的な意味が与えられます。この理はLogosというように大文字が使われますが，これは唯一のしかも超越した存在という意味を表します。そうしたロゴスの哲学としては，ヘラクレイトスの哲学とストアの哲学が有名です。次にもう一つの大文字のLogosも出現しますが，これはギリシア哲学とはまったく異質のキリスト教の世界で使われます。唯一を示す大文字で始まるLogosが二つもあるのは，ギリシアの世界とキリスト教の世界がまったく別のものだから仕方がありません。

　キリスト教の世界では聖書「ヨハネ伝」の冒頭に「はじめにことばありき」とある「ことば」のもとのギリシア語がロゴスです。聖書のロゴスは日本語ではことばと訳されていますが，その実体は聖子つまりキリストのことです。もちろんキリストとイエスは区別されねばなりません。イエスは人間ですが，キリストは神の子であり，すべての人間を超越する存在です。

　このようにして図16の二つの大文字のLogosは，一方はギリシア哲学のことばであり，もう一方はキリスト教神学のことばです。しかし人間はlogosをもつ動物であるという場合のlogosは，そんな高貴な哲学用語でもなく，難しい神学の用語でもありません。こ

図16

こでのlogosは人間に固有のことば，そして動物はもっていないことばという意味です。この意味のlogos（ことば）をわかりやすくするためにはdialogos（会話，対話）という語を使えばよいでしょう。dia-とは「二人の人間の間」という意味です。だからそれは人間であれば誰しも毎日使っていることばです。

　dialogosからは会話の術という意味をもつdialektike（ディアレクティケー）という語がつくられます。この語は会話の術から対話の術，そして，討論の術へと高められていきます。しかし，ギリシア人はこの対話の術をレベルアップして一人前の術にすることに失敗しました。

　試みにプラトン著作集のうちの初期の仕事つまりいわゆる「ソクラテス的対話」をいくつか読んでみてください。ソクラテスが主催する対話の記録ですが，どれを読んでもいらいらします。対話はしてもきちんとした結論など導き出せず，尻切れとんぼで終わっているからです。現代の哲学者や評論家の中にも，長い文章を書きながら，しっかりした結論を出さずにお茶をにごすという人々がいっぱいいます。ソクラテス的対話はそれに似ています。あるいはそれのお手本かもしれません。しかし結論のない論文というものは，論文としては許されません。ソクラテス的対話は面白い問題提起という点では意味がありますが，論じたうえで何らかの結論を見つけ出さねば役に立ちません。それは単なるおしゃべりやぼやきや人身攻撃にしかすぎません。

　こういう無駄な情報活動と真っ向から対立するのが，ユークリッドの『幾何学原論』です。ここではまっ先に新しく発見された命題が提示されます。その命題が真なる命題なら，人類に新しい知識をもたらすからです。しかしその命題が間違いなら，そんなものを宣伝されたら大迷惑です。だから提示された命題は厳密な仕方で，し

かも万人が納得できる仕方で証明されなければなりません。そして
ユークリッドは誤りないみごとな証明をやってのけます。さらにそ
の証明を完了してからもう一度最初の命題をそのまま示し，だから
最初の命題は間違いなく真なのだと駄目押しをし，勝名乗りをあげ
ます。そして自分のやった証明に誤りがあるのなら，それを指摘し
てみせろという自信に満ちた気持を言外に匂わせます。

　ユークリッドの『幾何学原論』は，ソクラテスやプラトンの時代
よりだいぶ後に書かれました。しかしソクラテスやプラトンの時代
には，そのユークリッドの証明法がいくつもの数学命題について成
功裡に実施されていたのです。

　こうみてきますと，dialogosの術としてのdialektikeは数学者の
使う証明術より劣っているのは明白です。ソクラテスの影響を色濃
く残していたプラトンの初期の哲学活動は，やはりみごととはいえ
ませんでした。プラトンはいち早くこれに気づき，ソクラテス的対
話を洗練させようと努力しました。ところがそれは成功にいたりま
せんでした。しかしそれでもプラトンは，ソクラテスを捨てること
ができず，ソクラテスの対話術を哲学の方法として使うべきだと考
え，改良をほどこしました。そこでこの磨き上げられた術を後世の
人々は，プラトンの弁証法と呼んでいます。

　近世になってヘーゲルは，哲学ではユークリッド・ニュートンの
ような公理論を使うのでなしにプラトンの弁証法を使うべきだと考
えました。しかし未完成のプラトンの弁証法は役に立ちません。そ
こで我流の弁証法をつくり出しました。ヘーゲルは自分の哲学をつ
くり出すために，まずその方法論をつくり出したのです。そしてそ
の方法論がヘーゲル弁証法と呼ばれるものです。この弁証法をドイ
ツ語ではDialektikといいますが，これはプラトンのdialektikeを
継承し発展させたものだったのです。

ヘーゲルが書いた哲学書をお読みになればわかるように，プラトンの著作と較べると較べものにならないくらい整然としています。整然といえばユークリッドの『幾何学原論』やニュートンの『プリンキピア』よりもっと体系的であり，よく整っており，しかも実にきらびやかです。体裁が派手なことに加え，その内容もそれまで哲学のあつかってきた重要な概念をすべて手玉にとってうまく処理しております。これこそ昔からの哲学の集大成であり，きわめて高度な完成度を備えているように見えます。そこで当時の人々は，ヘーゲルのこの仕事に目を見張りました。ヘーゲル自身もそして彼の追随者たちも，これこそは哲学の理想的な完成体であり，昔から高貴なものとされてきた「理性」なるものの具現体だと考えました。

　しかしこのヘーゲル哲学の寿命は長くはありませんでした。ユークリッドの書もニュートンの書も，文字どおり不磨の古典として今でもその仕事は尊重され続けているのに，ヘーゲルの仕事の耐用期限は長くはありませんでした。それでもいちおうはヘーゲル学派がつくられ，それはヘーゲル右派とヘーゲル左派に分かれました。そしてマルクスは後者に属しているといえます。

　マルクスの主著『資本論』を読みますと，ヘーゲルの書の内容は哲学であり，マルクスの書の内容は経済学だという違いはありますが，その著書の構成についていえば，マルクスはヘーゲルの弁証法を忠実に応用しています。ですからマルクスの経済学は，イギリスの経済学とはその叙述方法がまったく違うことは一読すれば誰もが気づきます。

　ヘーゲル弁証法を使った哲学書や，マルクス経済学を使った経済学書は，その体裁からみて異端的です。現在では弁証法を使って学術書を書く人はごく稀です。しかしマルクスを含むヘーゲル左派の哲学書や評論は，かつての共産主義国，そして現在の共産主義国，

さらに自由主義国でも大量に刊行されました。しかしこれらは党派性が強いものであり，党派に属していない人間にはなんの共感も生みません。これはいろいろの教派の宗教書がその宗派の信者以外からはそらぞらしい目で見られるのと似た現象です。

　もう一度図16（78頁）を見てください。大文字のLogosは高貴かもしれないが一般性，普遍性がないので敬遠し，賤しいかもしれないが平俗でわかりやすいdialogosを検討しましょう。

　ソクラテスはアテナイの街中でこうした対話スタイルで哲学論議をさかんにおこないました。しかしそうした論議は刺激的ではありましたが，学という形として実を結びませんでした。そこで弟子のプラトンは卑俗な対話法を高貴なものに仕立て直そうと努めました。しかしそれも成功しませんでした。プラトンの宿願を受け継いでヘーゲルが芸術的にまでつくり上げた弁証法的理性の哲学も，やがてラッセルによって完膚なきまでつぶされてしまいます。他方のヘーゲル左派の唯物論的弁証法，戦闘的・革命的弁証法も，いったんは成功するのですが根本的な欠陥を含んでいるとみえて，ソ連では消滅します。そしてそれではならじと頑張った人民中国のイデオロギーである唯物論的弁証法も，ソ連と同じコースをたどる公算が高いということがわかってきました。

　ここまできますと，弁証法というものが欠陥商品であることが明らかになり，誰しもがそんなものは放棄したほうがよいと思いはじめます。しかしながら弁証法のそうした欠陥をアリストテレスも早くから予測していたのです。実際，アリストテレスはプラトンの弁証法をあきらめ，健全な学問をつくり上げるための工具（オルガノン）を独力でつくり上げたのです。そしてこれがdialektikeではなしにlogikeだったのです。ただしアリストテレスはlogikeということばは使わず「学問を組み立てるための工具」としかいっておりませんが，

その内容は後世，形式論理学と称されるものの基礎となるものだったのであり，これから見ても弁証法なるものは詭弁としかいいようのないものだと断定できるのです。

15

論理学は信頼するに足る
テクニックであり,
しかもそれを図形として表現できます

　図14, 図15, 図16によって, 理性と呼ばれるものには3通りの種類があること, そしてどれにも高貴なものと賎しいものの階層がみられること, そして安全性, 健全性の点からいうと下層に位置するものが好ましいということがわかりました。

　ただし図16の対話に関していえば, 対話術, 討論術という形で発展させれば, それはそれで健全な技術となり, 今でも十分に日常生活で活用されています。

　しかしdialogosの術をdialektike（弁証法）という形にして高め, 全能的な存在にまで仕立てあげようとした努力はすべて水泡に帰するのです。

　以上のことからみて, 図14〜図16を通じての理性の把握は, 必ずしも成功しなかったといわざるをえません。三つの図の下段は, 理性を日常化し常識化したという点では, 理性を形而上学化し神秘

化するよりはましかもしれませんし，大失敗のリスクは避けられますが，単なる常識であるかぎり，学問としてはもの足りないといわざるをえません。

　しかしそうはいっても図14～図16のモデルからの脱出方法は存在しました。そこでこれからはそれを説明いたします。そしてそのために図17をつくります。この図の上段のdianoiaにもdialogosにも期待ができませんでした。しかし古代ギリシア人は，この二つのそれぞれに一ひねりを加えました。そしてその結果生まれた新しい二つのアイデアが矢印の先に示されたものです。

　まずdiairesisから説明します。この語はnousという語と近縁のdianoiaから出発しています。しかしnousという語群からは離脱しています。ただしdiairesisはdianoiaからdia-（分割）という語を引き継ぎます。さらに形の上ではnousを捨てましたが，nousおよびnoesisの原義は引き継ぎます。というのもnoesisおよびdianoiaの向かう対象はイデアであり，エイドスだったからです。

　しかしこの二語はまだつかみどころがないしろものです。そこでイデアはさておき，まずエイドスの二分割を試みます。二分割の結果，AとABとA$\overline{\mathrm{B}}$という三つのeidosが生まれます。これはAという類がABとA$\overline{\mathrm{B}}$という二つの種に分けられたことを意味します。そしてこの分けるという作業は，dia-によって示されます。

　次にdiairesisのairesisのほうですが，これは二者のうちの一つを選び出すという意味です。

　以上の説明ではわかりにくいと思いますので，例をポルフィリオスの樹からとり出します。するとそれは例えば物体を生命をもつ物体（生物）と生命をもたない物体（無生物，鉱物）に分けるということに当ります。こうして分けられた二つのうちからどれか一つを選びだすわけですが，選択の基準を人間はこの二種のうちのどちらかであ

るという点に定めますと，答えは必然的に無生物体でなしに生物体が選ばれるということになります。ここまでくればdiairesisという手法がポルフィリオスの樹の最小単位をつくっていることがおわかり願えたと思います。

　さらに図17の左欄のへ型（テント型）の図は，実はclass logic（クラス論理学）の最小単位でもあるのです。もちろんクラス論理学は弁証法といったつまらぬしろものではなく，正式の形式論理学の一部門として認められています。そしてclass logicという英語のクラスは，類と種を意味します。他方logicのほうは，その名によってクラス論理学がインチキ弁証法ではないことを示しているのです。

　こうしたクラス論理学は，初歩的な形ではプラトンも使用していますが，その後アリストテレスが〔種〕＝〔類〕＋〔種差〕という形で定式化し，ポルフィリオスの樹はこれに従ってつくられた大きなシステムなのです。

　次にdialogosに移ります。これを単なる議論の術に仕上げてもlogicといわれるものにまでは脱皮しません。それどころかdialogosからインチキ弁証法がつくり出され，まやかしの構造物として笑いものになるのがその運命です。しかし古代ギリシア人は，dialogosからdialektikeとは別のコース，つまりantilogia（矛盾命題の並立）への道を見つけだしたのです。antilogiaとは二つの矛盾する命題を正面から対立させ，互いに憎み合う状態に置くことです。これも対話の一形態とはいえます。しかしこれは対立する二人がそっぽを向き合うのでもなく，簡単に二人が妥協して手を握り合うのでもなく，相撲の仕切りのように二人が睨み合う状態を意味します。

　これはヘーゲル弁証法が安易な和合を積み重ねていき，めでたしめでたしで終るのとは違います。他方，唯物弁証法が倶に天を戴かないという仇敵同士の状況をつくりだし，しかもこの敵対関係にあ

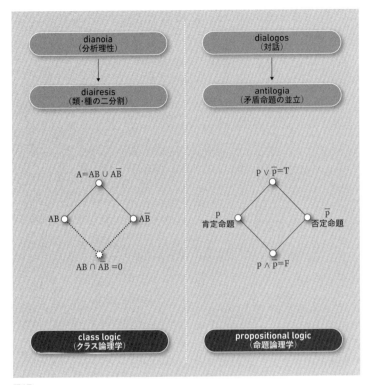

図17

る一方に暴力を使って勝利をもたらそうというのとも異なります。ギリシア人のほめられるべき点は，対話においては暴力を使用しないというとりきめです。実際，唯物弁証法，別名暴力弁証法は，マルクス主義に特有のしろものなのです。

　図17に戻ります。そこで新しく見つけ出されたギリシア語anti-logiaはdialogosとはlogosの語を共有します。dialogosのdia-は二人の人間が違ったロゴス，つまり違った言い分をもつという意味にすぎませんが，antilogiaのanti-は敵対的という意味です。もちろん後者のほうが厳しい対立です。しかしこうした妥協を許さない対立というものを出発点としないとlogicというものは生まれないのです。

　こうしたantilogiaは，図17の右欄の図によって正確に読みとられ図式化されています。このダイア型の図の中のpは肯定命題であり，p̄が否定命題です。そしてこの二つは矛盾関係にあります。それは妥協を許さない対立です。しかしこの対立は論理的対立であり，力学的対立，武闘的対立ではありません。

　ここで少し脱線しますが，漢語の矛盾とは，どんなものでも突き破る矛とどんなものによっても突き破られない盾とが矛盾関係にあるという場合に使われます。しかしこうした矛盾という事態は物理的状態にすぎません。実際に両者を実験的にぶつけてみれば勝負が決まります。これは戦争と同じことです。そしてこれは墨子や孫子の兵法の世界の話です。こうした闘争も戦争も有史以前からくり返されてきました。これは近世になると商戦という形でもおこなわれました。

　しかしながら論理学でいうロゴスの対立，言論の対立とはそんなものとはまったく違います。そして古代ギリシア人は実戦や商戦やスポーツにおける戦争とは別に，言論の争いも存在することを発見

しました。言論の闘いといっても，詭弁術や弁証法の使い手の間の闘いではだめです。きちんとしたルールに従った闘いでなければなりません。この点ではスポーツにおける勝負や碁・将棋における勝負を決めるルールに似ています。しかしスポーツもチェスも現実から遮断された世界でおこなわれます。それにそれらはバラエティが多すぎて普遍性を欠きます。

　以上のようなしだいですので，日常生活で，しかも身分職業の別，さらには民族の別からも解放された言論のルールが求められます。しかしこんなルールはなかなか見つかりません。

　ところが唯一，古代ギリシア人がそれを見つけたのです。そしてそれは図17の右欄のダイア型の図式だったのです。そこでこのダイアの説明に入ります。

　antilogiaのlogiaはロゴスには違いありませんが，大文字の形而上学的な理性とは違います。かといって日常的な言論という漠然としたものとも違います。antilogiaのlogosとは命題という意味なのです。古代ギリシアにおいてlogosが命題だということが発見されましたが，英語ではlogosはpropositionと訳されます。ですからダイアの四つの要素のうちの一つをpとします。このpをもとにしp_1，p_2，p_3，p_4としてもいいのですが，これでは芸がなさすぎます。pを四つの席のうちの特等席に据えねばなりません。これには頭を悩ませられますが試行錯誤の末，ダイア型の左方出っ張りの位置に決定することにします。すると問題の矛盾的対立の命題は右の出っ張りの位置に決めればよいでしょう。そしてこの矛盾的対立の命題は，実はpの否定命題ですので$\bar{p}$と標記します。

　ご覧のようにpと$\bar{p}$の間を結ぶ線はありません。両者の握手は未来永劫ありえません。妥協ということがありえないこと，断絶しかないことをpと$\bar{p}$の間の空白が示しています。この空白のpと$\bar{p}$の

間には，決して埋められない深淵が存在するように見えます。しかしこの深淵は，うまい具合に処理されます。それはpと$\bar{\mathrm{p}}$の間の空白を深淵の下方で埋めるという対策がとられます。ここで空白は直接的でなしに深淵の位置で埋められます。そしてこのつなぎの点は$\mathrm{p} \wedge \bar{\mathrm{p}}$を意味します。これはpかつ$\bar{\mathrm{p}}$を意味します。これは確かに矛盾を意味します。しかも矛盾はFつまり偽であるといえます。

　このようにしてダイアの底にある要素の意味がわかりました。この点は矛盾そのものを示すものなのです。しかもこの矛盾は偽でなければならないのです。矛盾はどう弁解しても偽なのです。そしてこの事態はアリストテレスによって矛盾律，より正解には無矛盾律と呼ばれたものです。これは$\mathrm{p} \wedge \bar{\mathrm{p}}$という矛盾は偽なるもの，それゆえ論理学の世界ではその存在が許されないものという法則のことなのです。

　このようにしてダイアの底の意味がつかめました。とすると残りはダイアのてっぺんの要素です。これはpと$\bar{\mathrm{p}}$の二つを直接的ではない方法でつなげたもの，つまり$\mathrm{p} \vee \bar{\mathrm{p}}$（pあるいは$\bar{\mathrm{p}}$）という方法でつなげたものといえます。しかしこれはアリストテレスが考えた論理学のもう一つの大事な法則，つまり排中律に相当します。つまり排中律は$\mathrm{p} \vee \bar{\mathrm{p}}$を論理学の恒常的な真として主張するものです。このようにして図形としてのダイアは，一つの図でありながら無矛盾律と排中律の二つを表現するものであることがわかりました。

　確かにダイアは幾何学的な図形です。しかしこの図形を正確に記述する式$\mathrm{p} \vee \bar{\mathrm{p}} = \mathrm{T}$と$\mathrm{p} \wedge \bar{\mathrm{p}} = \mathrm{F}$は図形ではありません。式です。ところでこうした記号式は英語では公式といいます。そして公式は英語ではformulaといいます。ところがダイアはformつまり形です。他方formulaはformではありません。しかしformから出てきた語です。

だから日本語はこの二つを形と形式というふうに訳しわけます。そしてこのことはダイアといった形が$p \vee \bar{p} = T$のような形式と切っても切れない関係にあることを意味します。

　このことをギリシアの数学者たちはよく知っていました。そしてユークリッドの『幾何学原論』の中でピタゴラスの定理は幾何学的な図形とともに，「直角三角形の斜辺上の正方形の面積は，他の二辺の上の正方形の面積の和に等しい」という言語的な表現，つまり命題で示されています。こうして数学者の仕事と論理学者の仕事がつながっているということが発見されたのです。

　図17の右欄の説明が終ったので，左欄のほうに戻りましょう。こちらはダイアでなしに，ダイアの上半分です。そして要素は命題でなしにクラスです。クラスは集合とは区別されねばなりません。集合はG.カントールが提示した数学概念ですが，クラスは類や種であって古代ギリシアで発見されたものです。それゆえAとABとA$\bar{B}$の三つは集合ではなくクラスです。図17の右欄は命題論理学に属し，左欄はクラス論理学に属します。ともに論理学といってもよろしいが，扱う対象が違います。しかし命題もクラスもともに論理学内の術語であってこれらは数学には所属しません。

　図17の左欄を見てください。へ型のてっぺんはAという単体です。これは右欄の$p \vee \bar{p}$と違います。次にAはABとA$\bar{B}$に二分割されます。ところがABとA$\bar{B}$は矛盾関係にあります。これは生物と無生物が矛盾関係にあることからも明らかです。しかし矛盾関係にあるとすれば左図も右図と同様にダイアであるはずです。そしてこのダイアの谷底はAB∩A$\bar{B}$，つまりABでありかつA$\bar{B}$となります。しかしそんなものはこの世界に存在しません。つまり生物であり，かつ無生物であるようなものは存在しません。だからへ型には谷底はなく，ダイアではないと突き放してもよいのですが，せっかく右

欄はダイアなのだから同じ論理学のよしみでダイアにしてもいいでしょう。しかしそうとなるとAB∩AB̄は空っぽのクラスとなります。そしてこれは零クラスともいい、これを使えばAB∩AB̄＝0というふうに形式化できます。

　以上で図17の説明を終りました。まず図14～図16を使って「理性」なるものの三つの意味を説明しました。しかし結局図17をつくることによってそれが図15～図16より好ましいことがわかりました。さらにそのうえ図17の左図と右図では後者のほうが筋がいいことがわかりました。つまりそれは理性をロゴスというギリシア語で捉えるという立場です。そしてこのロゴスからlogicということばがつくられ、この語は単なる名称だけでなく、そこから名実相伴う形式論理学という構造体がつくられるのです。こうなってみると理性の正体は論理学だったといいたくなります。つまり論理学を含まない理性概念は無意味だとさえいいたくなります。しかしそれは言い過ぎだとして、論理学なるものが確立されたからには、この堅固な立場からもう一度理性なるものを見直し、理性のうちから間違った要素を排除し、理性のうちの健全な部分を論理学で強化するという態度が奨励されるべきであるでしょう。

　以上のような態度から図17をもう一度検討してみましょう。そこではlogicに二種類あるということがわかりますが、この二つを較べるとどうみても命題論理学のほうが本命であることにすぐ気づかれることでしょう。図17の右欄の論理学つまりpropositional logicはその出生からしてロゴス起源ですし、命題論理学の命題もギリシア語ではlogosですから命題論理学という名称そのものの中にlogosの語が二つも入っているのです。そうした受け取り方は正当でして、現代では命題論理学がすべての論理学の基礎であると認められています。

こうした考え方に立ちますと，図17のクラス論理学は論理学でありながら，命題論理学に支配されていることがわかります。というのもクラス論理学の定理である$AB \cup A\overline{B} = 1$（全クラス）も，$AB \cap A\overline{B} = 0$（零クラス）も命題だからです。実際，"＝"はequals（等しい）という定動詞であり，定動詞を含む語の集まりは間違いなく命題なのです。だとするとクラス論理学の二つの命題はp_1とp_2として，命題論理学の傘下に組み込まれ，命題論理学のシステムの中で処理されていることになります。

　ところがこれと同じことが幾何学についてもいえます。前に紹介したピタゴラスの定理は$a^2 + b^2 = c^2$と定式化されます。a^2，b^2，c^2はともに面積ですが，面積だからどれも数量だと解することができます。この定理も"＝"を含んでいますから命題です。だとすればそうした幾何学的命題そして算術的命題もpとして命題論理学の中に組み込まれます。

　ちなみにユークリッドの『幾何学原論』という書名の原語はギリシア語のstoicheiaであり，そのラテン語訳はelementaです。両方とも要素という意味です。ただし両語とも複数形ですからそれは諸要素という意味です。しかし諸要素とは何を意味するのでしょうか。まず両語はともにアルファベットつまり字母という意味をもちます。しかしユークリッドの『幾何学原論』は幾何学の書であって文法書ではありませんから字母の意味ではありません。だとするとそれは幾何学の本だから点，線，面ではないかと思われがちですが，それも違います。elementaはpropositions（諸命題）という意味なのです。とはいえ『原論』は諸命題の羅列ではありません。命題は公理と定理に分類され，さらにすべての定理はいくつかの公理から厳密な方法で導き出されるという仕組になっています。そこにはもちろん排中律も無矛盾律も適用されます。さらにそこで使われる命題論理学

は命題から命題を導き出すテクニックをも持っていますから，それが利用されます。

　このように見てきますと，クラス論理学だけでなく，幾何学的命題も，面積加算の命題も，すべて命題論理学の扱いになります。

　ニュートンの『プリンキピア』を考えましょう。principia は elementa と同じ意味で使われます。古代世界では両語は地水火風の四元素の意味で使われます。しかし『プリンキピア』の場合はもちろん，その意味ではありません。ニュートンの『プリンキピア』は原理と訳されますが，本当の意味は命題集という意味です。そしてこの場合でも公理，定理という二種の命題に分けられ，両者は導出関係で結ばれています。ただしそれらの命題の内容は，クラスでもなく幾何学的要素でもなく数値でもありません。それは物理学的内容なのです。

　例えば『プリンキピア』の命題の一つに $F=ma$ という命題があります。力は質量と加速度の積に等しいという意味です。この式は，力は質量かける加速度 (長さ割る時間の二乗) に等しいということを意味しますが，そこでは m (質量) と l (長さ) と t (時間) という物理学的単位が使われています。例えば $2g$ と単なる 2 とは違います。2 は数学の対象ですが，$2g$ は物理学の対象です。だから $F=ma$ はまぎれもなく物理学の式ですが，それでも "＝" という定動詞が使われていますから命題でして，命題であるかぎり命題論理学の支配下に入るのです。

　これまでに命題論理学の支配下に収まるいくつかの学問を挙げてきました。しかしその中には哲学が入っていませんでした。スピノザは哲学をユークリッド方式で体系化しようとしました。しかし成功しませんでした。カントはもちろん公理論の方式をとってはいません。ところがヘーゲルは論理学を全部捨て，弁証法で哲学を展開

しました。しかしこれも失敗です。

　経済学についていえばA. スミスの経済学は公理論的ではありません。しかしその後経済学には数理経済学が出現しました。これはまだ公理化はされていませんが数学的な方程式を多用します。すると物理学と同様にそれらも命題論理学の支配下に入るといえるでしょう。

　数理経済学と対抗したマルクス主義者は，弁証法で経済学を組み立てました。しかし両派の勝負は，マルクス経済学の敗北に終りました。

　経済学の分野でもノーベル賞が創設されました。しかしそこでの受賞はすべて数理経済学に属する業績に対してであり，マルクス経済学に属する業績に対するものは一つもありません。

　以上のような事実を眺めますと，哲学もまた弁証法や修辞学などは使わず，さらに文法モデルを使うこともやめて，命題論理学と，命題論理学の支配下に入る諸科学と同一陣営内で仕事をしたほうが望ましいといわねばなりません。現在ではもちろん世界中の哲学者の多くがそうした態度で仕事をしており，多くの仕事を成功裡に成し遂げているのです。

16

ポルフィリオスの樹では人間は
感覚と理性をもつとなっていますが,
それになお感情と意志をつけ加える
必要が生まれました。
こうして二要素体制が四要素体制に
ふくれ上がりましたが,
そのうちまず感情のほうをお話します

　以上によってポルフィリオスの樹における人間の定義, つまり「感覚と理性をもつもの」という表現において, 感覚と理性の解釈を誤るとつまらぬ脇道, しかも袋小路に入りこむことがわかりました。しかしそうした解釈がだめだとわかれば古代ギリシアの原点に立ちかえり, 数学と論理学を重視し, さらにそれらと感覚を織り交ぜると科学あるいは科学に近い哲学, 科学に近い常識が生まれることがわかりました。

　しかしここで万々歳というわけにはいかないのです。ポルフィリオスの樹は使いようによってはすばらしい成果を生み出すことは確かなのですが, 実はそれだけでは哲学としてはもの足りないのです。だからそうしたもの足りない部分をこれから補うことにいたします。

　夏目漱石の『草枕』の冒頭にこうあります。「山路を登りながらこう考えた。智に働けば角が立つ。情に棹させば流される。意地を通

せば窮屈だ。とかくに人の世は住みにくい。住みにくさが高じると，安い所へ引き越したくなる」。

漱石はこういうように枕を振って例の非人情主義へと進んでいきます。しかしここでは非人情主義に引きずり込まれることはやめて，枕の部分だけにこだわることにします。

漱石の文は，知（智）と情と意の三つにまとめられます。国木田独歩には「心理学者の分類するところの知情意」という表現があります。ここから見てもわかるように，知情意は儒教からきたものでもなく仏教からきたものでもありません。明治の開化とともに欧米からきたものです。人間の心あるいは精神というものをこのように三つに分類することを始めたのは，ドイツの心理学者兼哲学者J. N. テーテンスです。カントより12歳年下の人ですが，カントは彼の著作を読み，彼の分類法を採用しています。テーテンス以前では，精神は知と意に二分されるのが普通でした。しかし彼はそれに情を加えました。これはカントも気に入り，もちろん彼に続くロマン主義者たちにも喜ばれました。知と意という二つのお堅いしろものに情を加えることによって，精神の内容に潤いを与えたからです。

しかしこうした二分法と三分法は，ポルフィリオスの樹の伝統とは別ものです。感覚を忘れているからです。そこでポルフィリオスの樹の伝統と近世ドイツに特有の二分法および三分法をまとめて表にいたします。

図18を見れば，すべての列に知がありますが，それが英知や神秘的知，宗教知を含んでいないことに注目しましょう。それはとにかくとして漱石は3列目を採用したのです。

図18の第1列と第4列を較べましょう。第4列は第1列の隙間に第1列の補足として二つの項が投入されたものといえます。しかし見方を変えて，第1列は第4列から真ん中の2項を捨て，上下の2項

だけをとり出したものともいえます。おそらく後の解釈が真相に近いといえます。しかし精神の無数の働きの中から感覚と理性を抜きとったのは無意識か意図的かはわかりませんが，そうしたことで人類の運命が決まったのです。つまり人類は科学というものをつくりだすというコースを歩むことができたのです。このコースは試行錯誤のうえに見つけ出されたものですが，このことを自覚的に宣言したのが論理的経験主義者だったのです。彼らはいろいろの種類からなっている命題のうち，経験的命題と論理的命題のみを選びだし，他の命題を科学には邪魔になるものとして捨てました。そして捨てた命題を情意命題と呼びました。それはつまり感情や意志を意味する命題です。

　具体的には感情の命題は感嘆文でして，英語では感嘆符のつく文であり，日本語では「あはれ(!)　今年の秋も去ぬめり」といった文です。

　意志文のほうは命令文であり，英語では「なんじ」という主語を省き，やはり文末にビックリマークをつける文章であり，日本語では動詞の終止形でなしに命令形をとる文のことです。

感覚			感覚
		情	感情
	意志	意	意志
理性	思考	知	分析知
ポルフィリオスの樹	精神の二分法	精神の三分法	補充された ポルフィリオスの樹

図18

こうして論理的経験主義者は，大胆にもこれらを情容赦なく切り捨てました。そんなものは科学には役に立つどころか邪魔なノイズに過ぎないと判断したからです。

　図18の第1列を自覚的に自らの武器とした論理的経験主義者は，この枠に従ってきわめて効率的に科学的な哲学をつくりあげました。これはそれまで見たこともない完成度の高いすばらしい哲学でした。そして人々はこれを見て，ここまで完全なものになったとすれば哲学者の仕事はそれに少し手直しすればいいだけだと思いました。しかしそれは間違いでした。改めて思い返してみますと，この哲学は完成度は高いのですが，なんと痩せ細った骨と皮ばかりのしろものであるということに気づいたのです。そしてその理由は明白です。

　図18の第4列から感情と意志とを戦略的に捨てたのはよかったのですが，それから後の手立てを怠ったからです。だとすれば残された仕事とは，少なくともこの二つの要素を改めてきちんと処理することです。もちろんせっかくの論理的経験論者の成果を捨ててはいけません。できることなら新しい二つの要素も彼らと同様の手法で処理すべきですが，これが難しいとなれば少なくとも彼らのつくりあげた成果に矛盾しないような仕方で処理すべきなのです。

　話がここまで煮詰められてきたら，本書でもそこから逃げるわけにはいきません。ですから感情と意志という二つの大物だけでも考えてみることにしましょう。

　まず感情から始めます。感情が感覚とつながりがあることは，どちらも感という字をもっていることからも感じられますが，ヨーロッパ語でそれを確かめましょう。実際，感情を意味する英語feelのもとの意味は手探りする，さわるというものです。そしてさわることは，もちろん感覚の最たるものです。ここから感情とは精神あるいは心が外物によって触れられることだということがわかります。

接触ということを感覚だけに限定しますと，それは肉体に対し物理的な力が与えられるという事実だけです。

しかし人間は肉体だけではありませんから，衝撃に伴う副作用（secondary effect）をも受けます。そしてこちらが感情なのです。こうした感情は快であったり不快であったりします。恋人に触られれば快ですし，痴漢に触られれば不快です。これは日常生活での場面ですが，科学の立場はそうした副作用のほうを無視することで成り立っているのです。

感情について今述べたことは感動についてはもっとはっきりしています。英語のtouchedは触られたという意味から感動させられたという意味に転用されます。またmovedも動かされたから感動させられたという意味になります。フランス語でもtouchéはタッチされるから感動するの意味になり，émuは動かされるから感動の意味になります。英語にはémuに相当するemovedという形はありませんが，emotion（情動）という語はあります。日本語では『梁塵秘抄』の「遊ぶ子供の声聞けば我が身さへこそゆるがるれ」というところです。

しかしそれはとにかくとして，英語とフランス語で揃って受動形が使われていることには，やはりその源が古代ギリシア語のpathosという語にあったからだといえます。pathosとは受動という意味で，これはpassioというラテン語が受動という意味であるのと同じです。そしてこの両語はいっせいに受動という意味から情念という意味に変わりますし，ドイツ語のLeidenつまり『若きヴェルテルの悩み』のLeidenも，もとは受動という意味なのです。

なぜそうなったかの理由は明らかです。つまり人体が外物，例えば音波とか光波とか物体とかの到来によって影響を受けるとします。その場合人体は衝撃を受けます。そしてそれが受動であり感覚です。

しかし感覚には副作用があります。その作用は喜びであったり不快であったり，驚愕であったりします。物理学者にとってそんなものには興味がありませんが，心理学者にとっては意味がありますし，美学者にとってもその副作用を無視することはできないのです。

例を挙げて説明します。一人の人間が雷の光を見たとします。目で見たのだから視覚という感覚が働いたのです。目は光をしっかりキャッチしました。しばらくしてからその人は音をキャッチしました。そしてそれは先ほどの雷の音であることがわかりました。こんどは聴覚が働きました。次いで彼は理性を働かせました。そしてそれによって光と音を関係づけます。さらに目と耳から得た情報から，音速と光速が違うことを応用して雷が何キロ先で発生したかを割り出します。今のような操作は感覚と理性の共同作業による科学的活動です。

一方で激しい雷光と激しい雷鳴は人間に対し大きな副作用を与えます。農民がもし雨乞いをしていたなら歓喜の感情がひきおこされます。しかし心にやましい人は雷神の怒りだとして怖れおののきます。そしてその雷神は怨念をもつ死者の霊に違いないとし，それを鎮めるために神社をつくります。やがてその神社は有名になり，たくさんの参拝者がやってきて願をかけ，お賽銭を投げ入れます。すると神社の経営もなりたち，神職も生活できます。

以上の例で雷光と雷鳴は感覚です。喜びや恐怖は感情です。次いで感情から雷神崇拝へと発展し，神社参拝にまでつながります。しかしこうなれば宗教です。ところが図18の第1列の枠を使いますと感情までへは進みません。第3列以下の枠を使いますと歓喜や恐怖まではOKですが宗教にまで走るのは食い止められます。

I7

新しくつけ加えられた
二要素のうち意志のお話をします

　次に図18の意志のほうに移ります。

　感情や感動にマイナスのイメージを与えてしまいましたが，意志
のほうにはプラスの評価を与えたいと思います。というのも情動の
ほうは「意馬心猿」といわれるように獣的な性質が動き出しますが，
それはまずいのでそれをコントロールする要素が必要となります。
そのためには理性も有効ですが，もっと直接的には意志を使うほう
が有効です。そして意志はそうした働きをする能力をもっているの
です。そこでその証拠をお見せしましょう。

　まず意志とはなにかを図19で説明いたします。

　先には感覚と感情とを関係づけて話しましたが，今度は知と意と
を関係づけて話します。dianoiaはギリシア語であり，discretion
はラテン語からきた英語ですが，どれも印欧語族であり，相互に親
戚関係にあります。だからギリシア語のdia-と英語のdis-は同じ意

味をもちます。つまりどちらも①分割，分離という意味と②二分割という意味をもちます。ものを分割する場合，二つに分割するのが通常ですから①と②がつながっているのが当然です。しかしヨーロッパの思想史を見ていくうえで①と②の意味に徹底的にこだわりましょう。そしてこの書を読み進まれていくうちに①と②のもつ絶大な威力が徐々に理解していただけると思います。

　図19でも①と②のパターンは意が分別知と把握され，知が分析知と把握されていることからもわかります。ところで分別知と分析知は両方とも知ですが，やはり決定的な違いがあります。昔から後者が理論知であるのに対し，前者は実践知だといわれました。その後，後者は科学知であり前者は倫理知，あるいは道徳知といわれるようになります。さらにいえば分析知は人間が関係していない自然現象に関する知であり，前者は人間に関係することがらについての知だとされています。しかしもう少し正確に定義しますと，前者は自由に二分してその一つを選ぶ知であり，その場合二分されるものは好き–嫌い，善–悪，利–害等いろいろあります。しかし後者は事実に則して二分し，その一つを選ぶ知であり，この場合は人間の恣意は許されません。そして二分されるものは真と偽であり，真が選ばれねばなりません。

　dia-，dis-という語の大切さが少しだけおわかりになったと思い

意 will	discretion （思慮，分別）	自由に二分して その一つを選ぶ	好・嫌 善・悪 利・不利	分別知	決意 決心
知 thinking	dianoia （思考，思索）	事実に従って 二分しその一つを選ぶ	真・偽	分析知	決定

図19

ますが，さらにこの二語の含む語根からでてくる語の面白さをご紹介しましょう。

　デカルトは哲学つまり知の探究は疑問から始まるといいました。彼は「我疑う」から出発し「我考える」を通って「我あり」に至りつきました。ところがこの出発点となるdoubtはラテン語のduo（二つ）からつくられたものでして，二股の分かれ道にやってきて，さあどうしようかと疑い悩んでいることを意味します。

　duoはもちろん英語ではtwoになります。これは人生の道を歩む人が進路の分岐点に来てどちらがいいか思い悩み，人から受けた助言までをも疑うというイメージですが，論理学者はもっとドライな態度をとります。例えば論理学者としてのプラトンはdichotomyという装置を提案します。彼の場合は旅人の分かれ道のイメージではありません。イデアつまり論理的概念をどのように分割したらいいかという哲学の道，そして論理学の道です。

　進むべき道を三本や四本にすれば多岐亡羊の嘆を演じなければなりません。つまりどの道を選んで羊を探しに行ったらよいか途方に暮れます。だからプラトンは二股の道だけに絞ります。このように予め二者択一の装置をつくっておいてどちらかを選ばせようという戦術をとります。つまりまずdichotomyすなわち二股コースをつくり，それからdiairesisすなわち二つの道のどれか一つを選ぶという行動をとらせます。

　実はこうしたプラトンの開発した二分法と二者択一の方法を何回かくり返してつくりあげたのがポルフィリオスの樹だったのです。そこでの例を使いますと，動物というイデア（哲学概念）を動物という類（論理概念）に置き換えます。そしてこの動物という類概念を二分（ダイコトミー）しますと，人間と獣の二つに分けられます。そしてこの二つのどれかを選択するのですが，探索している目標はソク

ラテスであり，ソクラテスは獣でなく人間ですから，人間を選ぶことになるのです。

　プラトンは以上のような操作に対しdichotomyとdiairesisというギリシア語を使いましたが，どちらもdi-が使われています。これは分割，しかも二分割という意味です。プラトンの作業は後にはポルフィリオスの樹で完成されますが，この樹の図を見ますと幹があり，その幹からつぎつぎと枝が出てくる姿が描かれています。

　ところで枝は英語でtwigといいます。そしてこの語の中にtwoという語が隠れているのを見つけ出しましょう。するとポルフィリオスの樹がなぜ「樹」と呼ばれるかの理由がわかるでしょう。

　なんだかオヤジギャグを振り回しているように思われそうです。しかしヨーロッパの哲学者たちはオヤジギャグを楽しんできました。最近の例はハイデッガーです。しかしポルフィリオスの樹に関するかぎり，それがオヤジギャグでないことを説明します。

　ポルフィリオスの樹の枝（twig）ということから始めます。この枝つまり二肢構造を取り出すと図20のⅠとなります。

　Aは動物，Bは理性的，B̄は非理性的とします。Ⅰは左右対称性を

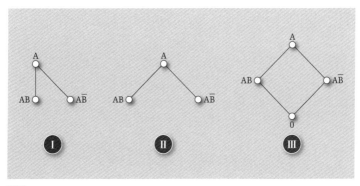

図20

欠きますのでⅡの対称形にします。しかしこれは上下の対称性を欠きますのでⅢをつくります。たったⅠからⅢに移るだけで1700年が費やされました。そしてⅢは20世紀になってつくり出されたハッセ図と呼ばれるものです。ハッセは20世紀に活躍したドイツの数学者の名です。

　　　　　　　　　　　　　第1部　正統の西洋哲学

18

意志と理性はともに 二分法的(非連続的)構造を もつのに対し 感覚は三分法的(連続的)構造をもちます

　ここで改めて図20Ⅲの意味を説明します。AとABとAB̄のトリオはプラトンの発明品でして，二分法の手法であり，twigでイメージされます。しかしⅢはトリオを含みはしますが全体はクァルテットです。すると解釈はがらりと変わります。主役はABとAB̄のペアとなります。人間と獣です。この両者は真っ向から睨み合います。これは論理学における矛盾対立をあらわします。しかし睨み合いではなにも始まりません。両者の睨み合いは，上方の一点Aで，合併されます。ABはBを失いAとなり，AB̄はB̄を失いAとなります。これは両者の合体，一体化，融合ととらえられかねませんが違います。Aの中でもABとAB̄の個性は失われません。個性は堅持されます。もしそうでなければ全世界は個性は消され千篇一律のたいくつなものになってしまいます。

　そしてそのような情ないことにならないようにⅢの底部ががん

ばります。この底部には0の記号がつけられていますが，これは空^{くう}を意味します。からっぽ（empty）という意味です。ABとAB̄は決して融合してしまわず，その間にはっきりと仕切りが入れられており，しかもその仕切りは空っぽという仕切りなのです。だからABとAB̄の間には隙間風が吹き抜けるという寒々とした風景を呈します。しかしこういう殺風景なやり方で，ABとAB̄の癒着が食い止められているのです。そしてこれは，近代の個性主義が与える印象と同じです。

　さあIからIIIへと人類の思考形式は進化を遂げました。IIIからみればそれは明らかに非連続主義の立場の表明です。しかし非連続があればもちろん連続も存在するはずです。とはいえその連続は「万物一体の仁」といったアジア的なものであってはいけません。だとすれば本当の連続とはなにものかを説明する必要があります。そしてそれを図21で説明いたします。

　ここでは二種の四つ組が描かれています。そして一つは非連続の四つ組であり，もう一つは連続の四つ組であることを示しています。ただし右のほうはダブルの四つ組です。今まで四つ組ということばを使ってきましたが，図21を眺めていますと，四つ組は，トランプのダイアに見えますので，ダイアということばを使うこともあります。

　図21を説明するために英語のbetweenという語の説明をします。この語はbetween A and B（AとBの間）というふうに使われます。これはAとBという二者（two）によって（by）示される関係のことです。だからbetweenのbeはbyのことでありtweenはtwoのことです。

　ところでこの“あいだ”関係は図21で示されているように二種類あります。その一つは二者の非連続関係でして二者の間は真空です。もう一つは二者の連続関係です。連続というものは案外むつかしい

概念でして定義しにくいのですが，いま非連続の定義をしましたから連続の定義はそれを使えばよいでしょう。すると非連続は間が詰まっていないことですから連続は間が詰まっていることだといえばよいでしょう。こうとなれば図21で図示されているように，非連続は二者体制，連続は三者体制となります。ただし三者といっても真ん中にある中間者は線にすぎません。

こうと決まれば，図20のⅢのハッセ図を応用しましょう。図21の左側の図とはABとAB̄という2枚の矩形のカードを重ねず，しかもくっつけずに並べたものです。ダイアの底は∅ですが，これは2枚のカードがくっついていないで隙間をつくっていることを保証しています。

このように図21の左図は図20のⅢを流用したものですが，やはり両者には区別が必要です。というのも図20のⅢはクラスの図で

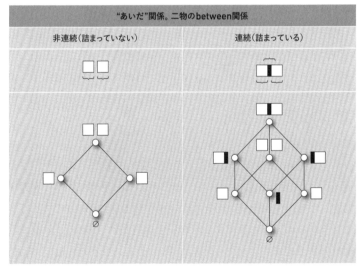

図21

あり，したがっていちばん下の要素は零クラスであり，したがって
0記号が使われていますが，図21の左図と右図の四角形と線はクラ
スではなく集合を意味しています。だから図21ではいちばん下の
要素には0でなしに∅が使われています。そしてこの場合の∅は零
クラスでなしに空集合を意味します。というのも集合論では線も面
積も点からなる集合と考えるからです。

　このように考えますと図20のⅢと図21の左図は構造は同じです
が，一方はクラス論理学に属する図であり，他方は集合論に属する
図であることは明らかであり，0と∅はその違いを明示しています。
クラス論理学は基本的に非連続主義ですが，この非連続主義と連続
主義とを較べるには図21のような数学的集合論の枠が必要なのです。

　図21の右側に移ります。その前にまたオヤジギャグをくり出し
ます。それが英語のtwilightです。これは薄暮つまりかわたれどき
を意味します。この語はlight-betweenと解されています。光の明
暗は夕暮になると刻々と変化します。先だつ明るい光の次に暗い光
りが続きます。しかし明るい光と暗い光の間には隙間はありません。
両者の隙間は詰まっています。しかもその隙間には大きさがありま
せん。だからそれを線で示します。図では線は目に見えるように太
く書きましたが，線には幅がありませんから目では見えません。だ
から図21の目で見える線はインチキですがそれは目をつぶって我
慢してください。

　改めて図21の右図を見ましょう。この図の最上部でいちおう連
続というものが図示できたとしましょう。というのもそれは左の矩
形と右の矩形が切れ目なく続いているように見えるからです。しか
しそんな小細工をしなくても切れ目のない1枚の矩形のカードで示
せば済むことです。ところがそれでは余りにも芸がなく無構造でし
かないと思われてしまいます。だから図21の右図を連続体の構造

図だと考えます。すると連続は三者からなる構成体となります。これは構成体だからバラすことができます。これも三つにバラすだけでは芸がないのです。だからバラし方に6通りを考えます。そしてこの6通りの関係は厳密に線でつながれます。これが右図の全体ですが，先ほどの芸のない三分法は∅に直接つながる三つの要素だということになります。この三者は，どのペアを取っても下方は∅（空）で交わりますから，それは本当に三つの要素にバラされたことを証明します。だとすると残りの三つは分解途上の存在だといえます。つまり中途分解だというわけです。しかしこれは全面分解がどういうプロセスを経ておこなわれたかを示すものですから，有益な情報を与えます。

　ところで右図は二つのダイアが重なったものです。よく見ると下のダイアは左図とまったく同じです。しかし上のダイアは異色です。そしてこの異色のダイアによって，そしてとりわけこのダイアのいちばん下にある線によって連続というものの本質がつかみとられているといえます。

　図21の左右の図を較べます。すると左図はポルフィリオスの樹の中に巣食っている図だから論理学の全構造の最も単純な図であるといえます。

　次に右図は連続構造を示しています。そしてこうした構造の最も単純な図がこの右図であり，これは三分割構造をもっています。そしてこうした連続体つまり連続線の実際的なモデルは，直線なのです。直線モデルですと左方の半直線と点と右方の半直線の三部構成となります。ところが図21は二次元平面になっていますから左半平面と境界線と右半平面になっています。しかしこれを一次元にしますと先ほどの左半直線と点と右半直線となります。そしてこのほうが図21の右図より単純です。だからシンプル・イズ・ベストの

原理によって連続のモデルは直線のほうがいいのです。ところがこの直線は「数直線」といわれるように数と結びつきます。つまり数学と結びつきます。

　数学では数直線は水平に伸びる一直線で表されます。図22の左図がそれです。

　そこに0や1，2，……そして$\sqrt{2}$，πなどを点として落とし込めば数直線ができます。だから一本の直線ですべての整数，有理数，無理数を引き受けることができます。しかし図22の左図の一本の直線にはiつまり$\sqrt{-1}$の居場所がありません。だから数直線と0で直交するもう一本の数直線を補足します。するとあらゆる虚数はこの一本が引き受けます。

　少し大局的な目で眺めましょう。ギリシアの昔から人間の思考形態には2通りあることがわかっていました。ギリシア時代にできあがった自由七科（奴隷ならいざ知らず自由人なら当然身につけるべき教養）は，三科と四科からなりました。そして三科の代表は論理学であり，四科の代表は算数でした。

　三科も四科も文字を使って営まれていましたが，論理のほうはポ

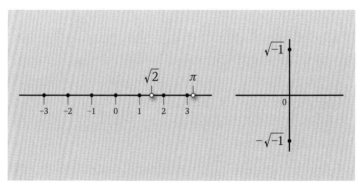

図22

ルフィリオスの樹のような形で視覚化されていました。算数のほうは近世になってやっと数直線という形で視覚化されました。算数そして数学を図22のように正確に視覚化できた結果，デカルト以来の数学は大発展を遂げました。しかしそれというのも，そこに最もシンプルな数直線があるからこそでした。

　しかし図21の右図を見てください。そこでは数直線という簡単と思える姿がみごとに構造化されているのです。そうとなれば数直線は単なる現象形態に過ぎず，その深層構造に図21の右図があることがわかってきたのです。しかし右図のような構造が白日のもとに曝されるようになったのも，もとはといえば左図がいち早く発見されたからです。そしてこの左図はもとはといえば図20が示すようにポルフィリオスの樹の枝にあったからなのです。

　ここまで話を進めてくれば数直線，そして数直線を組み合わせたデカルト座標系もあまり威張らないでほしいといいたくなります。縁の下の力持ちは誰かということがわかったのですから。

　さてこの縁の下の力持ちには図21が示すように2種類あることがわかりました。しかもこの両者は明らかに兄弟に見えます。そのどちらが兄でどちらが弟かの決定は本書の大問題ですから後になってしっかり考えていきたいと思います。しかしこんな大変な結果が出てきたのも，もとはといえばdia-，dis-のオヤジギャグから出てきたものです。オヤジギャグは若者から馬鹿にされます。そしてそのギャグは忘れられてゆきます。しかし図21は現代数学の粋を結集してできたものでして不滅といってよいでしょう。だから人類の遺産の一つとして大切に守り続けましょう。いま遺産といいましたが図21の遺産は観光資源で終るものではなく，まだまだ新しい利用価値をもつしろものです。これを利用しない手はないのです。

　えらく脱線してしまいました。もとの図18(98頁)に戻ります。こ

の図に戻らないと哲学の話ができませんので。今まで知情意の三つ組に気をとられて感覚のほうは忘れていました。そこで図18に舞い戻って感覚についてもう一度考え直してみましょう。感覚はポルフィリオスの樹に従ってsensusというラテン語にもとづいて考えましょう。とはいってもラテン語から英語のsenseが出てきたのですからsenseで考えていきます。

senseの意味は感覚ですが，もう一つの意味として数学辞典には「ベクトルが示す二方向の中の一方の向き」が載っています。これは大きな英和辞典にも載っています。そこでこれからこの第二の意味のsenseを考えます。またまたオヤジギャグを演じます。例のdis-（分解）を使ったものです。図23を見てください。

これは図22の左図，つまり数直線を応用したものです。それは0（ゼロ）という記号を共有していることから明らかです。ゼロは算数でも大活躍しますが，数直線においても大物です。左右に伸びる数直線の要となるからです。図22の直線には0はありますが，方向がありません。あるいは一方向だけだといってもいいでしょう。しかし0を中心に置くと右方向と左方向があることに気づきます。この

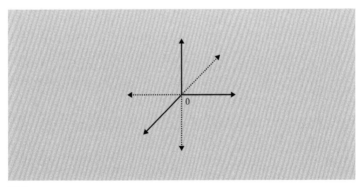

図23

ことに気づいた数学者は線には二つの方向があること，だから数直線にも二つの方向があることを認め，後者についてはプラスの方向とマイナスの方向に従って正数と負数を設けました。これが負数の発見です。すでに0という数が認められていますから，ここで0と正数と負数というトリオ体制が完成します。そしてこのトリオ体制を構造的にとらえたのが図21の右図だったのです。しかしこのことによって数理は論理と絶縁したのです。

図23では3本の直線が直交しています。3直線が一点0で交わっています。しかも3本の直線のどれもが正負の方向をもっています。これで3次元のデカルト座標系が完成しました。しかしこの座標軸の上に何が載ったのでしょうか。図22の左図の場合は例えば$\sqrt{2}$が載ります。これは$\sqrt{2}$が0から$\sqrt{2}$だけの距離にあることを示します。この場合$\sqrt{2}$は方向性をもちません。0から$\sqrt{2}$への距離も$\sqrt{2}$から0への距離も同じだからです。しかし図23を使いますと事情が変ります。0から右方の$\sqrt{2}$までの距離と，0から左方の$\sqrt{2}$までとの距離の方向性が異なるからです。だから両者を区別するために$+\sqrt{2}$と$-\sqrt{2}$のように区別します。

少しややこしくなってきましたので混乱を避けるために図22での$\sqrt{2}$をスカラーと呼び，図23での$+\sqrt{2}$と$-\sqrt{2}$をベクトルと呼びます。両語とも片仮名文字でわかりにくいのですが，スカラーは方向をもたない数量であり，ベクトルは方向をもつ数量のことです。

以上のように整理しますと，図22はスカラー図，図23はベクトル図といえます。小学校から学びはじめる算数は図22での話です。これはこれで代数学にまで成長します。そしてこれがスカラー代数です。しかし図23でおこなわれる計算はベクトル計算でありベクトル代数です。こちらのほうは大学で叩き込まれます。

ここまで説明してから三つの語についてオヤジギャグつまり語源

的説明をおこないます。その対象となるのは①distance（距離），②direction（方向），③dimension（次元）です。そしてこの三語とも例のdis-やdi-を含んでいます。

　順に説明していきます。distanceは点Aと点Bは離れて立つ（stand）という意味です。di-は"離れて"という意味です。

　directionのもとの動詞directはあるものをある目標へ向けるという意味です。目標といってもいろいろありますが，最低限反対方向の二つあるとした場合，そのどちらかを選ぶことが方向を決めることです。ですからdirectは二つの違った方向のうちのどれかを選んでそちらへものを投げるという意味になります。ちなみにAとBの距離はABと表現し，二つの互いに方向の異なる距離を$\overrightarrow{AB}$と$\overleftarrow{AB}$のように区別します。すると$\overrightarrow{AB}$と$\overleftarrow{AB}$が異なっている（di-）ことがわかります。

　dimensionは次元というふうに訳されています。これには1次元，2次元，3次元等があります。図22の左図は1次元，右図は2次元，図23は3次元です。3種の次元は互いに区別しなければなりませんからdi-が使われます。mensionということばは英語にはありませんが，ラテン語にはあり，mensioは計測の意味です。

　このようにして図23つまりデカルト座標系ならぬベクトル空間系の存在が，3種のdis-で早くから意識されていたことがわかります。しかしこれだけではギャグかもしれませんが，三つのギャグをうまく組み合わせれば図23といったすばらしいベクトル空間が生まれるのです。

　吉田松陰は旅行が大好きでした。彼が日本中を歩きまわったのは情報をかき集めるためであり物見遊山ではありません。彼はいつも「飛耳長目」ということばを愛用していました。遠いところを知ることのできる耳や目を持てという意味です。ここでも耳と目という

感覚と知が結びついています。ただし松陰は感覚と知だけでなく感情も大切にしました。そしてさらに彼は志をも持ちました。

　松陰はさておいて数学の話に戻ります。飛耳長目は図23に則したものです。四方八方ならぬ六方に注意を向けることです。四方八方の中にアメリカも入りますが，それは地球の表面に限られます。図23の原点は0ですが，この0は静止させなくても結構です。それは移動できますし，移動させたほうがよいのです。そして松陰はそれを実践したのです。

　松陰の次にプレーリー・ドッグをもち出します。これは北米の大草原にいる身長30cmぐらいの小動物でして，敵が近づくと犬のような警戒音を出します。この動物には天敵がいます。大草原ですから敵は遠方から近づいてきます。ですからグループをなして生活しているプレーリー・ドッグは交代で見張番を立てます。そのときには二本足で立ち上がり四方八方に目と耳を働かせます。そして敵が来た方向とその距離を把握することが要求されるのです。ただし上空からの襲撃はないとみえて平原を平面的に探索すればいいのです。

　松陰とプレーリー・ドッグを並べるという失礼なことをしましたが，プレーリー・ドッグには情動も志もなく感覚だけだということをいいたかったのです。つまりプレーリー・ドッグのほうが感覚の数学的そして物理学的な側面をよりよく実現しているといいたかっただけです。

　論理経験主義者は以上のことを勘案して，科学というものは数学理性と純粋の感覚，つまり純粋の動物的経験とを結びつけることによってなりたっているのだと確信したのでしょう。

　確かに，感覚の本来の目的は生物体の感覚器官が生物体の外的環境を察知することにあります。しかし前にもいいましたように，生物体の感覚は人工のセンサーと違って生物体と連結しているのです。

だから感覚には本来の作用の他に副作用が伴わざるをえないのです。そしてそのことは感覚を意味するギリシア語からも推測できます。

　ギリシア語のaisthesisは確かにもとの意味は感覚ですが，この語は現代の英語の中でaestheticsという語として残っています。この語は哲学では感覚論と記されていますが，感性論とも美学とも訳されています。もとの意味からずれてしまっているのです。さらにエステのように美容施術をさすようになると，もとの意味は消えてしまっています。こうしたことが起こるのも物理的な感覚の副産物としてそれに美や醜が伴い，さらにそのうちから美の要素だけがひっぱり出されたことによるのです。

　美と醜といいますと，それは一応は二分法と思えます。しかし美と醜の対立は，真と偽ほどシャープな二分法ではありません。また美と醜は主観的であり，真と偽が客観的であるのとは異なります。しかし主観的といっても美と醜は個人に感じられるだけでなく，多くの人によって共有される場合もあります。ところが「私だけの美的感覚」というように「私」をもちだされますと「われわれの感覚」というものを初めから拒否しているのですから，そうしたものに他人からはアプローチできずお手上げです。

　だとすればそういう厄介な問題，つまり解釈がまだ見つからない問題は先送りして，やさしい問題から解いていくほうが賢明でしょう。事実，人間の感覚というもののうちで処理しやすい部分をとり出して処理したのが科学者のやったことなのです。もちろん図23のようなやり方で感覚のすべてが解明できたと思い上がるのは間違いです。まだ積み残しの問題があるということを忘れてはだめです。美醜の問題もいつかは解明してやろうという気持を頭の片隅にしまっておくことはもちろん大切です。

19

感覚と理性はもとから
ペアを組んでいましたので，
残りの感情と意志とをペアに
組めばよいでしょう

　図18（98頁）を改めて見てください。ここでは感覚，感情，意志，理性の四つの要素が勢揃いしています。しかしこの四つを知情意と感覚のように二分割するよりは（感覚＋理性）と（感情＋意志）のように二分割したほうがよいようです。感覚と理性はどちらも四つ組の両端に位置していて互いに疎遠なように思えますが，それでもこの二つを結び合わせることによってのみ科学への道が開けてくるのです。そしてこの二つをいち早く嗅ぎつけたのがポルフィリオスの樹だといえます。こうした結びつけは自然生活の場合でもごく自然な結びつきなのですが，西欧以外の文化圏では見られないことなのです。そしてこれが，西欧圏でのみ科学が発生したことの原因だといえるのです。

　図18をもとにして新しく図24をつくりました。これからはこれにもとづいて話を進めます。感覚と理性の結合が科学的思考を生ん

だことはおわかりくださったと思いますが，人間の能力がこの二つきりだとすればそれはロボットと同じであり，本当の人間とは思えません。だからそうした不満を少しでも宥（なだ）めるために感情と意志の二つの権能が追加されました。

　ところで理性と感覚の関係ですが，理性は感覚と共同作業をしますが，その場合理性は感覚の自律性を尊重します。理性は感覚を勝手に変更できません。科学者は観測データを尊重し，そうしたデータに合うように理論をつくります。自分の理論に合わないようなデータを黙殺したり，自分の理論に合うようデータを捏造することはやりません。

　ところが感情と意志の関係は違います。意志が感情をコントロールできるのです。感情が平静であったり快適であったりすればコントロールの必要はありませんが，感情が情動となり「意馬心猿」といわれるほど手に負えなくなることがあります。そしてそれは自他に害を及ぼすようになることもあります。しかしそのときには意志を発動し感情を鎮めたり，情動を収めたりすることが可能なのです。

　このようにして（感覚＋理性）と（感情＋意志）との組み合わせが

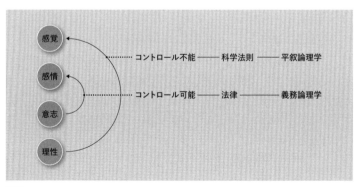

図24

適正であることがわかってきました。そしてこの組み合わせはギリシア哲学以来，西欧世界の主流となってきました。日本についていえばこの二つの組み合わせのうちの前者は得意でなく，それゆえ科学を独自の力で生み出せませんでしたが，後者のほうはよき伝統として培われてきました。

　2通りの組み合わせの性質が大分わかってきました。第1の組み合わせで研究を進めますと，科学法則が得られます。そしてこれを英語ではlawと呼びます。他方感情と意志の組み合わせからもう一つのlawが作られます。この二つのlawはもとは同じ意味をもつことばでしたが，二つの意味に分裂します。一つは科学法則という意味のlawですが，もう一方は法律という意味でのlawです。

　意志が感情をコントロールするといいました。これは一個人の範囲での話です。今日限り大酒を飲むことは止めると自分に誓うのは自戒であり，自分だけに対する誓いです。しかしそうしたとりきめは村中でおこなわれることがあります。日本ではそれを村掟といいますが，村定めともいいます。これは「おきて」の段階ですが，明治以降は国の掟，国の定めが明文化します。そしてこれが法律です。こうした法律は暴風や暴雨に対しては効果はありません。日本では暴風，暴雨をおこさないでくれと天や神仏に祈ったことがありますが，それは祈願であって法律ではありません。また法律は人間の身体には及びません。身体に向かって汝は病気になるべからずといっても無駄です。だから法律というものは意志が感情をコントロールできるという組み合わせから発達してきたものなのです。

　このようにして二つのlawが存在するという周知の事実は，図24の構造にもとづいていることがわかりました。ところでlawは両方のlawともに文章化されています。ニュートンのthe law of motion（運動の法則）は$F=ma$のように物理的命題で表現されます。他方，

モーゼの律法 (Law of Moses) の一つである「汝殺すなかれ (Thou shall not kill)」も命題です。しかしこれら二つの命題は文法的に区別されています。前者は平叙文であり，後者は命令文なのです。こうして二つの法は，すでに文法のレベルで峻別されています。だから文法学者よりも厳しい論理学者がその違いを見逃すはずがありません。論理学者は平叙文だけを扱う論理学の体系を存在の論理学 (ontic logic) と呼び，命令文 (および禁止文) を扱う論理学を義務論理学 (deontic logic) と呼んで，二つの論理学を峻別するために二種の互いに相容れない形式論理学的体系を組み立てようとし，成功したのです。ちなみに on は存在，deon は義務という意味をもつギリシア語の名詞です。

20

平叙論理学の母胎は
ギリシアの存在論哲学でしたので，
存在論の功罪を説明します

　西洋哲学は，とどのつまり20世紀に入って ontic logic と deontic logic の二つでいちおうの決着をみたというのがこれまでの話でした。しかしいきなり ontic と deontic という語をもち出したのでは読者に対して失礼だと思います。筆者は以前に専門家面をして，難しい用語を振り回すなと叱られたことがあります。ですからいまの横文字の二語の説明をいたします。この二つの英語は通常の英和辞典を引いても出てこないはずです。

　この二語の無味乾燥だが正確な定義は，哲学辞典なら出てくると思いますので，それに譲ります。これからは趣向を変えて二つの語の語源を詮索してみます。この二語はどちらもギリシア語ですが，ギリシア語は印欧語族の一つに過ぎません。だから古代インド語のサンスクリットをも考慮に入れることにします。

　on というギリシア語から始めます。この語には *sont-→ont-

→onという発展系列がみられますが，この系列を遡り，*sontにまで戻りましょう。*印がついているのは，この語は文献では見つかっていませんがあったはずだということを意味します。ですから哲学で使われるon（存在物）は，最初はsの音をもっていたのです。これはドイツ語のSein（ザイン，存在）や英語のis（beの三人称単数形）がs音を含んでいることからも了解できます。

　今度はサンスクリット語のsatをみましょう。この語の訳は有，実，真，善です。sattvaという語は漢訳仏典では有，衆生，有情，含識，人という意味で使われています。さらに仏典ではboddhisattvaが頻出しますが，菩提薩埵と音訳され，さらにこの四文字は菩薩に縮められます。これは誰もが知っている八幡大菩薩のボサツです。サンスクリットの原語は覚有情とか大心衆生と意訳されることもあります。これはサトリを求めて努力する人のことを意味します。サトリを得てしまえばbuddha（ブッダ，仏，覚者）となるのですから，ボサツは仏になる直前の人であり，それゆえボサツは大士，高士などと呼ばれ崇められているのです。こうみてくると同じ有という意味をもつ語から一方は仏教という特殊な宗教にまで行きつき，一方ではontic logicという普遍的な論理学にまで行きつくのは驚きです。

　ヨーロッパではこのように一方ではonは存在という意味をもち続けますが，photon，electronというように最先端の物理学での粒子の名称の語尾にも使われています。これは光子，電子と訳されるということからもわかるように，-onあるいは-tonは物質の極微粒子を示すために接尾辞として使われます。これも古代ギリシア語のonと関連しますが，哲学用語として使われるon（存在）というほうは無視し，哲学史上の経過をすっ飛ばした形で，純物理学的な意味にだけ使われているのです。

　ontic logicが現代論理学の核心だという考えからonticのもとと

なったギリシア語onという日常言語の語源的な由来を考えてみました。これを図にすれば図25のようになります。

$\sqrt{es}$ にみられるルート記号は語根を意味します。そしてこの場合は印欧語族全般に共通する語根です。とにかく出発点は一つなのです。これがontic logicと菩薩道という似ても似つかないものにまで分かれてしまうのです。

エピソードを一つ紹介します。ナチス党の旗はハーケン・クロイツ(鈎十字)であることはよく知られています。しかしこの紋章は現在のヨーロッパでは使用が禁止されています。ナチスの復活を警戒してのことです。ところがそのヨーロッパ人が日本に来て，お寺やお堂にこの紋章がいっぱい使われているのを見てびっくりします。日本にはまだナチズムが残っていると思ったからです。しかしいったんびっくりしたものの改めてよくよく見ると，お寺にある紋章とハーケン・クロイツとは十字という点では同じですが，鈎の方向が逆なのです。だから私たちは仏教とナチスは違うぞと主張できます。

ところでナチスのハーケン・クロイツはサンスクリット語ではsvastikaといいます。この語を梵和辞典で引きますと吉祥という訳

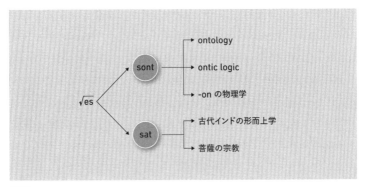

図25

がついています。この語はさらに吉祥をあらわす万字のしるしをも意味するとなっています。ところがこのsvastikaにはsuとastiという二語が含まれています。suは幸いという意味ですがastiは英語のisと同じ意味です。だからsvastikaはwell-beingつまり幸福，福利という意味をもちます。このようにみますとナチスの紋章と仏教の万字は一方はゲルマン民族を通して，もう一方は古代インド民族を通して，ただ一つの原インド・ヨーロッパ民族にまでたどりつきます。このように同じ起源から長い時代を経て互いに似ても似つかないものに分化してしまうということはいくらもありうるのです。そして文化に限っていえば，そうした分派同士には競争の原理が働くのでして，ontic logicはその勝者だといえるかもしれません。

　また脇道に逸れてしまいましたので，もとのonticとdeonticの相違に戻ります。この二つは二つのlogicにまでいきつくのですが，logicの前に-logyの段階を通過します。今の場合ontology（存在論）とdeontology（義務論）のステップを通過します。つまり論理学の前に論の段階があるのです。だからまずontologyのほうから始めます。

　さて最初のontologist（存在論者）はアリストテレスです。アリストテレスがontologistと銘打たれる理由は二つあります。その一つは，彼が哲学の第一の研究テーマはonである，しかも単なるonでなしに「onである限りにおけるon」であるとしたからです。これは英語ではbeing qua beingと訳されていますが，quaはラテン語で「～である限りにおける」という意味です。もう一つはアリストテレスがousia（ウーシア，存在）という語を大切にしたからです。図1のポルフィリオスの樹のてっぺんは実体となっています。このラテン語はsubstantiaですが，そのギリシア語がousiaなのです。そしてこのギリシア語もまた図25の√es 語根から出てきた語なのです。

　以上二つの理由からアリストテレスはontologyあるいはontologismの元祖だといえるでしょう。こうして古代ギリシア哲学を代表するアリストテレス主義は存在論を意味し、この存在論の伝統が近世を経てハイデッガーの存在論にまでたどりつくのです。

　ところがヨーロッパの哲学史は実はそうした単線コースをたどるのではありません。近世になって、存在論に対抗して認識論というものが出てきて、むしろこのほうが大勢を占めます。認識論の元祖はデカルトだといえます。デカルトは ego cogito, ergo sum（I think, therefore I am）のテーゼを立てました。これは「ある」よりも「思う」を先行させていることを意味します。古代的存在論は二番手になってしまいます。「思う」ということばはこれはこれで意味があり、logicにつながります。しかし問題はego（私）のほうです。この「私」ほどやっかいなものはありません。実際、この「私」は「我利我利亡者」に味方しますし、「私」は勝手気儘なわがまま放題にも加担します。しかしこんなことを「存在」の哲学は許しません。ところがデカルト学派はそういう禁忌をぶち破り「I think」は「私は認識する」というふうに置き換えられ「認識論」なるものが生み出されました。これも哲学の仲間として認められはしたのですが、Iを抱え込む認識論は案の定収拾がつかないものになり、学としてはもちろん哲学としても厄介者になってしまいました。

　このようにして古代存在論の近世認識論に対する優位は歴然です。だとすれば古代的存在論の独占でうまくいくのでしょうか。答えは否です。存在論にとって認識論などは無視してもいいのですが、存在論のライバルである義務論を無視することができないのです。というわけで前にも述べましたように、ヨーロッパ哲学はontic logicとdeontic logicという二つの焦点に収斂します。そしてこれは図18における（感覚＋理性）と（感情＋意志）の二分法にうまく符合します。

前から述べてきたように，ヨーロッパ哲学は存在と義務あるいは存在と当為(Sein und Sollen；be and ought to)の二元論に落ち着くのですが，この二つは初めから一本の軛につながれた二頭の牛のように仲良く発展してきたのではないのです。ギリシア哲学に関する限りは存在論つまりアリストテレスの存在論の独走体制が強引に推し進められたのです。だから哲学の歴史をお話するときにはこの独走の話を省くわけにはいきません。本書は西洋の哲学史をお話するための枠組として図1(21頁)を採用しました。この図はギリシア哲学の総決算としてギリシア哲学の末期に作られたものですが，ギリシア哲学の初期に作られたアリストテレス哲学とほぼ一致します。だから図1のポルフィリオスの樹とアリストテレスの哲学体系とを重ね合わせてみます。すると図26ができあがりますが，図26はご覧のとおり幹の部分の要素は6個です。

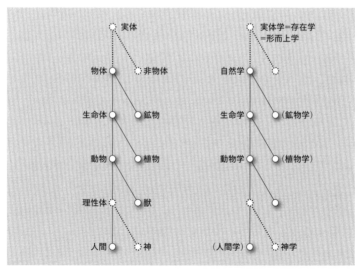

図26

そしてこの6個という数は図1と同じです。六つもあって賑やかなのは結構なのですが，現代人の立場からいえば図1の6個も図26の6個も多すぎるのでして6個を4個にしてしまうことが望まれます。ここで省かれる2個は冗長だから省くというのでなしに有害だから省くことになるのです。このように幹の6個から2個を省きますとそれに付随して枝の要素も消滅します。

　ところで図26ではそうして切り取られ消滅した部分は点線で示してあります。だから古代ギリシアおよびアリストテレスの哲学を論じる場合には，後代の論者の頭中では点線だが，彼の頭の中では実線だったというふうに考えるようお願いします。

　アリストテレスはギリシアの哲学者ですから，図26の左図の点線のものも含めて11個の要素の存在を認めました。そしてそれらについての学をつくろうとしました。しかしさすがのアリストテレスも11個すべてについての学を完成してはいません。アリストテレスのつくり出した学は，①実体学（存在学，形而上学），②自然学（物理学），③生命学（anima〔生命〕の学），④動物学，⑤神学だけです。しかしギリシアではアリストテレス以後に，⑥鉱物学，⑦植物学，⑧人間学がつくられました。そこで図26の右図では①から⑤までの学を括弧なしで，⑥から⑧までを括弧つきで書いております。

　アリストテレスのつくった学は①から⑤までですが，その中でアリストテレスは⑤の神学をもっとも大切にしました。しかしアリストテレスの神はパスカルの神によって嘲笑された「哲学者の神」であって，当然のことながらキリスト教の神ではありません。アリストテレスの神はギリシア人の神であり，肉体をもっていますし生殖機能も備えています。ただ人間と違うところは不死だという点だけです。こんな妙な神は普遍性をもたないので，後世ではアリストテレスの神学は忘却されます。

アリストテレスがいちばん得意だったのは，④の動物学です。これは彼が医者の息子であったことからくるのです。実に実証的な仕事をしています。ただし人体に関しては全然興味をもっていません。

　次に②の自然学（物理学）ですが，これは現代の物理学とは少し趣きが違います。アリストテレスの物理学の原名はphysicaです。しかしこれは自然学と訳したほうがよいでしょう。というのもphysicaはphysis（自然）の学ですが，このphysisはphyo（生育する）という動詞からつくられているように，生命のイメージをまとっているのです。だからアリストテレスの物理学は，目的論的だといって近世になって攻撃されたのです。というのも物体を植物イメージでとらえますと，植物が種子から必ず決められた成体へとつき進むのと同じように，物体も一定の目的へと運動せざるをえなくなるからです。例えばアリストテレスは物体が落下するのは，地上から無理に引き上げられた物体が自らの故郷である地面を恋い慕って隙あらば落下したがるなどと考えてしまうのです。

　とはいえアリストテレスのphysicaを馬鹿にしてはいけません。それは単なる自然誌ではなしに自然学であり，至って理論的な書物なのです。しかしもちろん今述べたような間違いはあります。だからこそガリレオはアリストテレスの自然学を反面教師とし，彼の胸を借りて近世物理学をつくりはじめたのです。そして近世物理学ができあがってやっとphysics（物理学）の対象がアリストテレスのphysica（自然学）から生物学的目的論を捨て去ったものだと気づいたのです。だから近代のphysics（物理学）は，生命ぬきの自然学だということができるでしょう。

　図26でアリストテレスが手をつけなかった学のうち，植物学は彼の弟子テオプラストスが手がけました。さらにテオプラストスは人間学についての著作も書き上げました。そしてそれが『人さまざま』

という著作です。これは人間のいろいろな性格を叙述したものでして、近世のフランスのモラリスト（人間研究作家）たちも彼を手本にして書物を書きましたが、ラ・ブリュイエールの『性格論（人さまざま）』のフランス語の題名 *Caractères* はテオプラストスの *Characteres*（人さまざま）の系譜につながるものです。

　以上の学からなお洩れたものがあります。そしてそれが鉱物学です。しかし哲学者たちは鉱物学には手を出しませんでした。鉱物学に興味をもったのは、近代になってからの数学者たちで、彼らは結晶の数学的解析の研究ですばらしい成果をあげました。古代の人々は鉱物学はつくれませんでしたが、鉱物誌には着手いたしました。それをやったのは『石について』を書いたギリシア人のテオプラストスと、ローマ人の博物誌家のプリニウスです。プリニウスは『博物誌（*Historia naturalis*）』という大著を著し、後世に至っても愛用された図27のような博物誌の骨組をつくり上げました。ただし内容は博物誌であって博物学ではありませんから、哲学史の中には登場しませんが、図27の骨組のもとは図26のポルフィリオスの樹の骨組の一部だということができるでしょう。

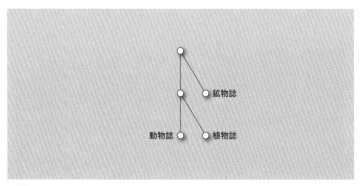

図27

このように図26の右図の一部分と図27は，一方は学，一方は誌という違いはありますが，どちらも natural（自然的）なものを扱っていることは確かです。そしてこの「自然的なるもの」の研究領域を死守できるという体制をポルフィリオスの樹は保証してくれたのですが，これが近世の自然科学を生み出す母胎となったのです。

　図26（128頁）に戻ります。まだてっぺんの部分の説明が残っています。この部分を除いた部分に領域を限定した結果，自然科学が出てきたのであり，こうして生まれた自然科学の目からすれば，この部分はいかにも怪しげなものに思われます。ですからこの妖怪の正体をあばくのも無駄ではないでしょう。だからこれからそれにトライしてみます。

　図26のてっぺんの主役は実体です。実体はギリシア語では存在者（on）といわれますので，実体学つまり存在学は ontologia（存在学）と呼ばれます。しかしこの語はまたラテン語では metaphysica de ente とも呼ばれます。"ens" についての超自然学という意味です。そして "ens" は on のラテン語訳です。metaphysica の physica は自然学でして，meta は "後" という意味ですから *metaphysica* は『自然学後書』という意味です。しかし後の時代になって meta が "超" という意味に解釈されて超自然学と呼ばれるようになったのです。

　しかし漢学に詳しかった明治の日本人が漢語をもちだしてきて超自然学よりも形而上学のほうを選んだのです。とはいえ超自然学つまり形而上学という名称も，必ずしもアリストテレスの考えていたことから外れているとはいえません。

　形而上学は存在論のことですから，形而上学はわけのわからぬ形而上的なもの，つまり形を超えたものというふうに考えずに，単刀直入に存在とは何かと問えばいいでしょう。すると on そして ens とは being thing（存在している者）だと答えるのがもっとも賢明な答

となるでしょう。これは印欧語の文法学からいえば，模範的な解答です。

　onもensも，もとは分詞であり，分詞の品詞は形容詞です。英語ではto beの分詞であるbeingは形容詞です。しかし形容詞はあくまで形容詞であり，名詞にはなりません。ところがギリシア語もラテン語も形容詞は形容詞の形のままで名詞にもなれるのです。こういう妙なことは昔の英語でも行われており，その名残りがthe rich＝rich peopleです。等式の右辺のrichという形容詞は，左辺では名詞になっています。確かにtheがついてはいますがrichは名詞なのです。

　このように形容詞にtheをつければ名詞になりますが，それでもなんとなく坐りが悪いので，英文法ではprop-word（支柱語）という面白い文法用語が出現します。例えばrichだけで名詞にするのは坐りが悪いので，いまの場合はpeopleという語でrichを支えて名詞に仕立て上げました。こうしたテクニックは厳格化され，支柱語は，thing，one，bodyなどの数語に限られるようになりました。しかしこの三語のうち，thingが最も汎用的だと考えられています。そこでそうした支柱語という文法的テクニックを使って図28をつくります。

　図28では自然学と形而上学の間に数学を挿入しました。数学は自然学とも形而上学とも異なる昔から独立した学です。この三つに支柱語のテクニックを応用したのが図28です。支柱語はここではthing（もの）です。そして支柱語をこのように使いますと，形而上学の本性がみごとに暴露されるのです。

　図28で明らかなように，形而上学の扱う対象であるonあるいはensがbeing thing（存在している者）だとしてしまえば，もはや形而上学は自然学と数学と同位になってしまい，存在あるいは実体の絶対

的優位など消えてしまうのです。こうなれば三つの学の上に君臨するのは、存在者でなしにthing（もの）だということになります。だからその結果として形而上学とか存在論とかいったわけのわからないものの中で格闘し、何の成果もえられないよりは、いっそのことthingをメイン・テーマにしたほうがいいことになります。

　しかしthingといった日常語をあれこれ詮索しても埒があきません。図28を見ればわかるように、thingは二つの同義語をもっています。だからまずこうした三種のうちの扱いやすいところから攻略していきましょう。自然学では物体が生物と無生物とに枝分かれしています。ところがこれはクラス論理学では（物体）＝（生物）∨（無生物）となります。そしてこれはA＝AB∨AB̄と記号化されます。

　次に数的なるものに移ります。こちらは単純明快な数直線で図形化できます。そこでは1+2＝3という等式が成立します。そしてそ

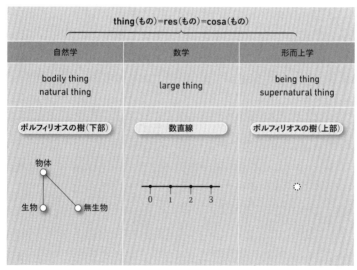

図28

れはさらに$a+b＝c$というふうに文字式にすることができます。ここまでくれば大成功です。一方は記号論理学となり，もう一方は代数学となるからです。だとすれば「もの」とはA，B，$\overline{B}$であり，a，b，cであることになります。しかし前者は論理法則に従うものであり，後者は数学法則に従うものです。だから以上の"もの"つまり文字記号は混乱を起こすことはありえません。

　図28で自然学と数学と形而上学が等資格で横並びになってスタートラインに立っています。そこで号砲一発スタートです。競争ですから誰が頭角をあらわしたのでしょうか。もちろん数学です。ただしこの数学は算術ではなく代数学です。数学の例として先ほどは$a+b＝c$という命題を出しました。そしてこういう命題あるいは式を扱う人のことをalgebraistといいます。

　しかしこの語にはいくつかの意味があります。①整骨医，②代数学者，③厳格なものいいをする人，④ちんぷんかんぷんなことをいう人，の四つです。ただし普通の辞書では②の意味しか出ていません。①の意味は，$a+b＝c$が，怪我で外れてしまった2本の骨をもとどおりにするのとそっくりの操作だということからきたものです。ただし用法からいえば，整骨の操作法が先で$a+b$という操作法は後です。

　近世の代数学は文字どおり数を記号に代える術として画期的な発見です。しかし記号化はその第一歩です。記号化が効力を発揮するのは$a+x＝b$のように"x"が出現する場合です。そしてこうなって初めて$x＝b-a$というすばらしい計算が生まれるのです。xもaやbと同じように数を代表する記号です。しかしaやbは既知数，xやyは未知数というふうな約束がつくられます。そしてこのことで初めて本当のalgebraつまり代数学が動きはじめるのです。だから代数学の成立は，まず数の記号化，そして次に未知数の記号化となります。

単にalgebraistというだけでは数の記号化をする人という意味しかもちません。

　だからxの使用という重大なポイントに焦点をあてたことばがつくり出されました。そしてそれがcosistです。この語は普通の辞書には出ていませんが，何冊もからなる大辞典には出てきます。しかしcosistという不思議な語は何を意味するのでしょうか。図28のてっぺんでthingという英語を使いましたが，これと同義のことばとしてラテン語にはres，イタリア語，スペイン語にはcosaがあります。ですからcosistはイタリア語のcosaからきたものです。だからcosistは「もの主義者」となりますがそれは違います。さらに「記号主義者」でもありません。強いていうならば「x使用主義者」だとなります。

　以上の事態をコシズム発祥のイタリア語で説明します。イタリア語でChe cosa?は「これは何であるか」を意味します。これを英語に直訳しますと，What thing is it? となります。ここでcosaはthingと対応します。イタリア語のChe cosa?は代数の場面ではどんなものでなしに「どんな数」となります。「どんな数」に?がついているのだからそれは未知数となります。つまりxとなります。

　イタリア語の会話ではChe cosa?はCosa?と略されることがあります。だとするとcosaは未知数を意味し，xを意味することになります。

　cosistが「x使用主義者」という意味になったのは以上のような事情があったのです。しかしその後代数学者にとってxを使い，そしてそのxの値を求めることが至上命令となってきました。だからalgebraistとcosistは接近し，後者は前者に吸収されてしまったのです。

　以上で図28における数学の部分の説明は終わりました。代数学と

いう新しい学が成功を収めたのです。するとその成功を自然学が追います。自然学といいましたが物理学のことではありません。自然物を扱うポルフィリオスの樹のことです。この樹はまずA＝AB∪ABのように記号化されます。こうなるとA＝AB∪Xという式も使いたくなります。Xは未知数でなしに未知クラスです。

　実例を出しますと（動物）＝（理性的動物）∪（X）となります。答えはX＝〜（理性的動物）＝（理性をもたない動物つまり鳥獣類）となります。

　以上二つの成功例を手に入れて図28の形而上学に斬り込みましょう。これはポルフィリオスの樹のてっぺんつまり首の部分にあたります。ポルフィリオスの樹の図の一つに，首の部分に冠をかぶせたものがあります。つまり王者です。王者ですから唯一の存在です。この王者はギリシア語ではonですが，その正体はbeing thingです。つまりこれは2語からなっていることばなのです。ところがthingについては自然学と数学とで共有されているものですから存在者の自慢にはなりません。

　王者としての威厳を示すものは形容詞部分にあります。それを列挙しますと，①being（存在的），②essential（本質的），③substantial（実体的），④subsistent（存立的），⑤existential（実存的）です。このうち①と②はto be（存在すること）やesse（ラテン語の存在すること）を意味しているだけです。③〜⑤は，どれもと $\sqrt{sta}$ いう語根をもっています。この語根は英語のsteadyからもわかるように，不動で堅実なという意味をもっています。ですから③と④は万物の下支えをなすものを意味し，⑤は自分から立ち出でてしっかり腰を据えているものを意味します。こうして①から⑤までの形容詞はすべて"thing"に対してつけられた勲章なのです。

　哲学者ハイデッガーは「存在者」でなしに「存在」そのものが大切

だと叫び続けました。これはbeing thingでなしにto beを大切にせよという意見であり，至極妥当な見解ですが，その場合，to beとは何かということについていろいろの意見が出てきますが，それらが収斂することは難しいといわざるをえません。

「存在」を英語のbeとしてとらえると，beはギリシア語のphyo（生まれる）とかphyton（植物）と同根ですから，そちらの意味が混入してきます。前にonの語根は$\sqrt{es}$だといいました。しかしこの$\sqrt{es}$から英語では"is（ある）"という語が出てきますが，その他にこの語根から英語のsooth（真実）という語も出てきます。だとすると「存在」＝「真実」ということになります。さらに$\sqrt{es}$は$\sqrt{esu}$というふうな間延びのした形を取ることもあります。この$\sqrt{esu}$からギリシア語のeus（良い，善い）という語が出てきますが，これは英語ではwell（よい）に相当し，英語のwell-being（福利，安寧，幸福）もそうしたことを背景にしてつくられたのです。

だとすればbeing＝true＝goodは互いに重なり合うことばだといえるでしょう。存在に善という意味がまといついているということは，アリストテレスから始まるヨーロッパのoptimism（楽天主義）の母胎となるものです。

以上のように見てくるとbeingというわかりにくい語の座はいっそのこと真や善という語に譲り渡してもいい気がします。しかしそこまでいうのは無理だとして，存在という語は仮に純粋な意味をもっているとしても，それは他の語に染まりやすい語だといえます。しかしそうだとすると話がどんどん複雑になっていき，まとまりがつかなくなります。

例えばハイデッガーは「存在」を哲学の根本概念としましたが，彼はこの「存在」にいろいろの意味を仮託しました。ギリシア的な存在観，ゲルマン的な存在観，キリスト教的な存在観，そして彼自

身の郷土に根ざす詩的情感までを「存在」にこめました。しかしこうなれば「存在」についての学が成立することは無理であり，最後には彼の哲学はいわゆる「概念詩」といわれるものになってしまうのです。

　以上のことから図28の形而上学は自然学や数学とはまったく異質のしろものであり，形而上学というよりは形而上的詩だといったほうがよいでしょう。

　もう一度図28に戻りましょう。するとそこから形而上学を除外したほうがよいようです。とすると残るのはthingです。自然学も数学もthingの学の一種にすぎません。しかしそうした裸のthingとはなにものでしょう。その答えは一つです。thingを *a*, *b*, *c*, ……*x*, *y*, *z*やA，B，C，……X，Y，Zのように文字項にしてしまえばよいのです。そしてこうした文字どおりの字母（アルファベット）を要素とし，そこから構造の学を組み立てればよいのです。そしてそうした構造学のうちで成功した作品が論理学と数学だということになるのです。

　先ほどからえらく形而上学の悪口をいいましたが，ここで形而上学の名誉回復をやってみましょう。それはアリストテレスも考えていたが中世になって稔った超越概念（transcendentia）についての話題です。ヨーロッパ中世の話ですからラテン語で紹介します。超越概念は6個あります。ens，verum，bonum，res，unum，aliquidです。これらを図29を使って説明します。

　6個の超越概念を二分し，上段の非支柱語グループと下段の支柱語グループに分けてあります。もちろんまず下段の3個のほうに注目しましょう。ラテン語のresの英語訳はthing（もの）です。unumの英語訳のoneはone bookのようなone（一つの）という形容詞でなく，名詞です。だからunum（one）はres（thimg）と同義です。これ

は英語のeverythingとeveryoneが同義であることからも納得できるでしょう。

次にaliquidの英訳はsomethingでして，それは「なにかあるもの」を意味しますからxのことです。だとすればthingとoneとsomethingはa，b，c……x，y，zだとなるでしょう。

以上の3個が6個のうちの核心ですが，残りの三つのうちens(being thing)がいちおうトップに立ちますが，このトップは，他の二つと同義語として扱われます。そしてその理由は，前に説明したとおりです。

こうした6個の超越概念は図26のてっぺんに位置する存在です。図26ではそれは実体の一個だけでしたが，本当は6個あるということが中世になって主張されるようになりました。そしてこれら6個は他のすべての要素を越えているものという意味で超越者とか超絶者と呼ばれるのです。しかしこれら6個は性格を異にする二つのグループに分かれることは図29が示すとおりです。

このように二つのグループに分けたのは，少々酷い宣告を下さねばならないからです。そしてその宣告とは，超越概念のうちensをはじめとする3個を無用なものとして追放するというものです。しかしその代り，resとunum，aliquidは有意味なものとして救い上げることは可能なのです。

非支柱語	ens(being thing) 実在するもの	verum(true thing) 真なるもの	bonum(good thing) 良いもの
支柱語	res(thing) このもの(a, b, c)	unum(this one) このもの(a, b, c)	aliquid(something) なにかあるもの(x, y, z)

図29

こうして図1のてっぺんに位置した実体は王冠をかぶせられた王だったのですが，この王が追放されたのです。

　ドイツの詩人ハイネは，カントが『純粋理性批判』によって古き理性がつくった形而上学の首を斬り落としたといいました。ハイネはその少し前のフランス大革命で王様の首が落とされたのと重ね合わせて万歳を叫んだのです。この万歳はもちろん王様万歳でなく共和国万歳という意味です。

　しかし一般に形而上学を倒したといっても，形而上学はいろいろな部分から成り立っています。現に"thing"の理論は生き残ったどころか，すばらしい成果をあげています。存在論についていえば存在の概念はまずかったので捨ててもいいでしょうが，捨てていいものは「有る」あるいは「有るもの」であって「である」のほうは論理学の重要要素として生き延びます。

　ここで印欧語族に共通の重要な特徴をお話しなければなりません。英語も印欧語族ですから英語で考えましょう。英語の to be の三人称単数形は is です。これは be と違って $\sqrt{es}$ という語根をもちます。ところが is には A is（Aは存在する）と，A is B（AはBである）という2通りの用法があります。日本語では「がある」の「ある」と「である」の「ある」です。一方は存在を意味する動詞であり，もう一方は英語では copula（繋辞）と呼ばれている動詞です。印欧語と日本語ではそうした対立はぴったり合致しますが、この一致は奇蹟的な偶然といえるものです。現に中国語ではそんな現象はみられません。

　英語の is の二義性はギリシア語の esti でもそのまま見られます。こうした二義性をもちろんアリストテレスは見逃しませんでした。二者の混同などせず，もっぱら存在のほうに一身を捧げました。しかし彼の試みは失敗に終ったのです。とはいえ彼は esti のもう一つの意味である繋辞の存在にも気づいていました。英語でいえばそれ

は"A is B"という命題や"a is M"(aは個物)という命題です。アリストテレスはこの二つのタイプの命題のうち，前者のみを基本命題として採用し，有名な三段論法の論理体系をつくり上げました。ところがこれは大成功でした。しかしアリストテレスは三段論法の基本命題としては"A is B"という表現を拒みました。存在動詞としてのisと繋辞としてのisの混同を防ぐためです。

　だからアリストテレスの選んだ基本命題は「Aの中にBが伏在する」といったものです。すると「人間は動物である」という命題は「"人間"というクラスの中に"動物"というクラスが伏在する」となります。この奇妙な表現は，理性的"動物"の中に"動物"が伏在すると解釈すれば納得できるでしょう。

　このように"is"という語を繋辞の意味にとることによって三段論法が成功しますが，だからといって"is"を存在するという意味にとったドジな形而上学の名誉が回復されるわけではありません。やはり存在論は舞台から降りてもらわねばなりません。とはいえ存在のほうはあきらめて繋辞のほうだけに限定すれば，大きな勝利を得ることができます。というのは「A is B」という場合のisは繋辞にはちがいありませんが，この繋辞「is」は「A is B」という命題をつくり，しかもそこでのisという動詞の法(mood)は直接法なのです。だとすると"is"の二義性のうち「存在」のほうは捨て，直接法の繋辞という性質を採用するほうが賢明というものでしょう。そしてこの方法を「人間は動物である」というふうに使えば図26のポルフィリオスの樹にぴったりです。「である」という一語を使って図26のクラスの集合から，「人間は動物である」をはじめとして多数の妥当な命題をつくれるからです。

　以上のことから考えて，図26の実体の下の7個のクラスからつくりだされた平叙法の命題が新しい体系として出現します。論理学の

ことばでいえばクラスの論理学から命題の論理学への進化です。実際，論理学は命題の形をとらなければ一人前の論理学とはいえないのです。

　アリストテレスの存在論は捨ててしまいましたが，アリストテレスの三段論法の基本要素である繋辞を使った平叙文は貴重です。この文章はisを使っていますが，isはギリシア哲学のonにつながります。もちろんここではonの存在的な意味でなしに繋辞的な意味に限ります。ontologyつまり存在論は存在の意味につながるからまずいのであって，存在を省いた形でonticという語を使いましょう。つまりこの語を平叙法的繋辞に対してだけ使用することにしましょう。するとその用法は図26の実体より下のシステムとうまく整合します。そしてその結果，存在論は無用となるのです。

2I

平叙論理学と肩を並べて
もう一つの論理学である
義務論理学が
つくられることによって
哲学のカバーする領域が倍増します

　onticの説明は終りましたのでdeonticの説明に移ります。deon-
ticはいちおう英語となっていますがギリシア語由来のことばです。
onの語義は複雑でしたが，deonの語義は単純です。onは「があるも
の」と「であるもの」を含みますが，deonは「為すべきこと」を意
味します。そしてこのdeonは「であるもの」という意味のonだけ
と対峙します。

　ところで今のようなonとdeonの対立は名詞同士の対立です。し
かし論理学としての働きを果たそうとすれば，名詞ではなく動詞の
ほうが適切なのです。というのも論理学の基本をなす命題は動詞が
ないと成り立たないからです。そこで図30をつくります。

　onとdeonの英語訳はbeing（〜であるもの）とwhat man ought to
do（為すべきこと）ですが，beingの二義性を避けるため，不定詞の形
としました。すると，to be soとなります。だからもちろんその意

味はto be（があること）でなしに，（～であること）となります。そして
これは繋辞です。しかし文はto be so（S is P）型だけではありません。
だからto do soを追加しました。これは文法では代動詞と呼ばれて
いるもの，つまりbe以外のすべての動詞を代用できる動詞です。

　不定詞はやはり名詞ですから文になりません。文をつくるには定
動詞が必要です。定動詞が現れて初めて文が出現します。そしてそ
れは図30の3段目で示されています。この段階で，かの偉大なイギ
リスの哲学者D. ヒュームが提案した「"である"の命題と"であるべ
き"の命題は全く異なる」という規則が適用されていることに気づ
かれるでしょう。実際，現実と幻想あるいは空想とを混同すれば，
どれだけの不都合，どれだけの悲劇を招くかを人類は身に染みて経
験してきたのです。それはとにかくとして，一般形であるIt does
soとWe ought to doはどうしても区別する必要があるのです。そ

名詞形	on（～であるもの）	deon（為すべきこと）
不定詞形	to be so（～であること） 　繋辞 to do so（～をすること） 　代動詞	ought to do（為すべきだということ）
文型	It is so It does so 　平叙文	It ought to be so I ought to do We ought to do 　当為文
記号式	p= F(a, b) 　F(a)	N PNp

図30

してこの区別は，日常言語レベルでは平叙文と当為文という名が与えられ，違った文型とされています。

　ここまでくればあと一歩です。以上の成果を記号式に書き換え，そこから記号的な論理学をつくればよいからです。平叙文も当為文も命題です。だから proposition の頭文字 p で表現します。平叙文は単なる p でよろしい。しかし当為文 (義務文) のほうは p に NPN という記号をかぶせなければなりません。これは "〜をしないことが許されない" を意味します。NPN をばらばらにしますと，N と P になりますが，N は「ない」，P は permissible (許される) を意味します。そして "でないことを許されない" は "べし" のことなのです。

　平叙文の文型は二つなので，記号式も二つになります。F(a, b) は "a は b である" の記号化ですが，ここでの F は「□は□である」のことです。この F も「である」を含んでいますから定動詞，ただし名詞抜きの定動詞であることに違いありません。F(a) の場合の F は「□は歩く」のような主語なしの表現だと考えればいいでしょう。ちなみに□は空白部分を意味します。ただしこの空白部分には名詞だけしか入れないことにします。

　図30の当為文の文型として3種類をとり上げました。その一は it が主語ですからそれは「もののあるべき姿」つまりプラトンでいえばイデア，現代人の感覚からいえば理想の形を意味します。その二は主語が I ですから，自分だけが私的に守るべき当為を表現します。例えば「私はこれからは早起きをすべきだ」のような個人の日常ルールですが，あるいは人生の指針だとしても結構です。第三は主語が We の場合です。これを「二人の人間が互いに」というふうにとれば，倫理や道徳になります。そしてこれに法律を加えてもよいでしょう。

　改めて図30を眺めましょう。するとポルフィリオスの樹は実は

この図の左半分に過ぎなかったということが判明します。だからポルフィリオスの樹は科学というものとつながっていったことは確かですが，実は大きな忘れものをしていたのです。しかしその忘れものがなんだったのかということが図30の右半分を見れば納得していただけると思います。

　図30がつくられていることで，哲学の仕事は二つの領域をカバーするものだと改めて認識されます。ポルフィリオスの樹に較べて一挙に展望が倍増しました。しかも二つの領域は厳しく区別すべきこと，そしてその上そこでは文型を区別すべきだけでなく，論理的な構造も区別すべきことが要請されます。しかしこうした要請は平叙論理学と義務論理学の完成によって，十分応えられました。この二つの論理学は形而上学的な理論などではありません。いかなる矛盾も含まれない信頼するに足る抽象的な構造体です。だからもはやあやしげな形而上学に一生を捧げる必要はありません。現代の論理学は十分に頼り甲斐のある存在なのです。神や仏に頼る人はそれはそれで結構ですが，現代人には論理学に頼るという道も提供されていることを忘れないでください。

22

ポルフィリオスの樹がつくられた目的は
人間というものを把握するためです。
そしてその人間はそこでは
人体としてとらえられます。
しかしそれとは別に人間は
当為理論によってとらえられることが
要請されます。つまり人間は
二眼的視点でとらえられます

　以上ながながとお話を続けてきましたが，話はこれからも続きます。そこで今までの話の中間的な総括として，そしてこれからの話の展望のためにも図31をつくりました。

　これは図24と図30を一つにまとめたものです。復習してみますと，図の真ん中の列の4項のうち，いちばん上の感覚と，いちばん下の理性はポルフィリオスの樹から取り出したものです。そしてこの二つの共同作業で，自然科学が生まれました。そしてこれでポルフィリオスの樹の歴史的使命は終りました。科学主義者は万歳を唱えます。しかしそれはそれでいいとしても，そうした科学主義者は実は視野が狭いのです。もう少し広い目で見ると，彼らによってカバーできていない領域が見えるのです。だから彼らは自分たちの全能を威張るのは間違いですし，そんなことをやれば世間のひんしゅくを買うだけです。

しかしこんなことになった責任はポルフィリオスの樹にあります。ただし一応の成功をも果たしてくれたのですから，樹全体を伐り倒す必要はありません。樹は残しておいてもよいのです。ただし感覚と理性の間の隙間を埋めてやるだけでよいのです。そしてその埋め草となる要素は，いちおう感情と意志だけでよいのです。するとたったそれだけの補強で図31のような開けた場面が出現します。しかしこれはまだ予想だけであって，実際にそれを使って豊富な業績が挙げられるかどうかは，やってみなければわかりません。だからこれからそれをやってみせます。そしてそれが成功したかどうかはみなさんの判定にまかせます。

　ここで一つお断りしたいことがあります。図31の右半分の法則₂は，当然のことながら人間界に対してのみを研究対象の領域とします。しかし左方の法則₁は，自然界全般を対象とし，その中に人間界も含みます。しかし，図31の枠組で両者を比較してみたいのですから，そうした比較を鮮明にさせるために左の領域も自然界全般でなしに人間界だけに限定したいのです。つまり人間をも自然科学的な方法で扱いたいのです。というのもそのことによって，二つの

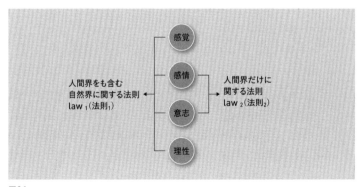

図31

法則の違いがよりはっきりと理解できるからです。

このようにこれからの考察は人間界に限るとわかれば，早速，図32をつくってみます。

やはり出発点はポルフィリオスの樹です。この樹のいちばん下の要素は人でした。そしてこの人は文法的には単数です。しかし印欧語には単数形と複数形があります。英語の場合，manは単数であり，menは複数です。だから図32はそうした文法的なカテゴリーを取り入れたものです。すると人間世界はがぜん豊かになります。まず人間は動物学的には独居性の動物でなしに群棲的動物です。つまり人間は一団となって生活する動物です。

鋭敏な哲学者アリストテレスはそのことを見逃しませんでした。彼は人間を理性的動物だと定義しましたが，さらに人間はポリス的動物だとも定義しました。ポリスとはギリシアの都市国家のことです。だから人間は国家という団体をつくる動物なのです。しかし同時に村という団体をつくる動物でもあります。さらに部族，氏族，家族という団体をもつくります。このように団体にはいくつもの種類がありますが，やはりその代表はポリスつまり国家です。

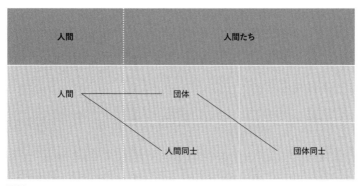

図32

国家を意味する英語はstateです。日本国憲法でも日本国のことを英訳ではthe Stateとしています。しかし国家に相当する語にはいろいろあります。その中の面白いことばにbody politicがあります。これはポリスという団体という意味です。bodyも身体ですし，漢語の団体の体も身体です。「国家という身体」という表現は妙な気がしますが，これはギリシア，ローマ以来からの慣用なのです。ローマ人はラテン語を使っていましたが，corpusというラテン語には①物体，②生物体，③人という意味があります。この三つの意味はポルフィリオスの樹の幹の三つの部分に依拠しています。そこでは人はもちろん物体（corpus, body）としてとらえられています。だとすると，人の団結した集団が国家体つまりbodyとしてとらえられても不思議ではないでしょう。英語の辞書を調べてみましても，bodyには団体という意味が出ています。しかしbodyを団体という意味で使いますと，物体や人体とごっちゃになりますので，団体に専用の語としてcorporationが使われます。これはcorpusでもいいのですが，これだとやはり物体，生物体，人体という意味をもちますから，わざとcorporationという特別の語を使うのです。以上のことから考えてみても，ポルフィリオスの樹のNo. 2に鎮座するcorpus（物体）というものの能力は大したものだといえます。

　国家を意味する英語としてはrepublic（共和国）があります。これはラテン語のres publicaからきたものです。ここでは国に相当する語はres（もの）です。これは図28で示したように超越概念に属します。そしてこれはcorpus（物体）を超越した存在です。国家を意味する英語にはなおCommonwealthがあります。ここでcommonはpublicに当りますのでwealthはresに相当します。wealthは普通は富つまり財物という意味ですが，ここではresと同じ意味つまり「もの」という意味です。

いまcommonはpublicに当るといいましたが、正確にいえばcommonはギリシア語のkoinonに当ります。だから、publicとcommonは意味が異なり、前者は「民衆の」を意味し、後者は「共同の（公共の）」を意味します。この「共同の（公共の）」は「共産の」でないことはもちろんです。先にギリシア語ではpolisを国家だといいましたが、国家は公式的にはto koinonといわれます。これは英語ではthe commonに相当し、commonは形容詞ですから支持語が必要です。そしてこの支持語は英語ではsomethingですが、これはラテン語では図29を見ればわかるようにaliquidつまりsomethingなのです。だとすれば国家というものは、本来は超越概念であり、一歩譲っても、超越概念の下にあるcorpus（body）だといえるのです。

　現在の英語では国家はstateといいますが、これはフランス語のétatからラテン語のstatusに遡ります。しかしこの語は状態という意味でして、とてもポルフィリオスの樹に連なるような格式の高い語ではありません。stateはもとはといえば、せいぜい独裁制とか民主制といった政体を意味する語であって、国家という意味を表すには力量不足です。西欧の本格的な伝統は国家を人間と同様にポルフィリオスの樹に準拠した哲学的な概念で把握していたのです。

　以上が図32の団体についての説明です。団体はポルフィリオスの樹から考えれば定義が難しいのです。だからresという語を使ったり、corpusということばを使ったりしましたが、うまくいきません。それでもポルフィリオスの樹にしがみつくとなれば、団体はcorporationという妥協的な語を使わざるをえなかったのです。

　次に図32における「人間同士」の説明に入ります。団体に較べてこちらのほうが、はるかにわかりやすいことばです。そこでは個人の独立性は完全に残しておいて、個と個との関係、個人同士の関係

を考察するのですから。こうした関係は英語ではsocial（社交的）といいます。このことをアリストテレスはよく知っており，人間はポリス的（国家に所属する）動物であるとともに社交的動物だといっています。これを社会的というふうにとらえますと，近代の社会主義と勘違いされますから，社交的という語を使います。ちなみに人によっては人間同士の代りに人間同志という語を使いますが，「志」ということばもまたイデオロギー的匂いを伴いますので，ここではもちろん使っていません。

　以上で団体と人間同士という二つの概念をアリストテレスははっきりと区別していることがわかりました。そこで残るのは団体同士です。これは現代のことばでは国際関係のことですが，ギリシアではポリスとポリスの関係です。ギリシアの歴史が教えるように，ギリシアではポリス同士戦争をしたり同盟を結んだりしました。しかしアリストテレスはトゥキディデスと違って，そういう歴史には関心を示しませんでした。

23

人間はモーレス論と
モラル論プラス法論という
二つの面でとらえられます

　以上で図32の枠組の説明を終ります。ところがこの枠組は，二重の仕方で利用できます。そしてそのことを図33と図34を使って説明します。

　図31（149頁）では法則$_1$と法則$_2$の二つを峻別しています。法則$_1$はontic logicを使って処理されますが，この論理学は存在の論理学でなしに，繋辞の論理学だということは以前に説明しました。しかもこの繋辞は「〜である」という現在形ですから事実文をつくります。そして事実理論はこうした事実文でつくられます。しかしもう一つのlogicつまりdeontic logicがあります。そしてこちらは当為理論をつくります。このような二つのlogicがあるとすれば，同一の対象に対して二つの理論をつくることができます。

　こうした二つの理論は明らかに違ったものですから，これからはそれらを別物としてみたいと思います。

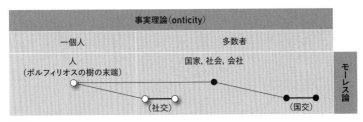

図33

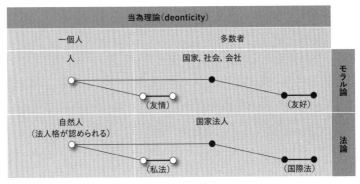

図34

あらかじめ図33と図34の歴史的背景をお話いたします。図33の理論の骨骼はアリストテレスがつくり上げたものです。そしてこれはアリストテレスの哲学つまりonの哲学にもとづくものです。ただしそれは存在論哲学でなく，繋辞の哲学つまり事実重視の哲学にもとづくものです。そしてこの理論の実質的な内容は，モーレス（習慣律）の理論だといえます。これに対し図34の下段の理論の骨骼は哲学者でなしにローマ法の法学者によって法論としてつくり上げられました。ただしそれは一挙につくられたものではありません。このようにアリストテレスのモーレス論とローマの法論は，つくられた時代も場所も異なります。図33はBC4世紀のギリシアで哲学者アリストテレスただ一人によってつくられたのですが，図34はアリストテレスよりずっと後になってからローマ帝国の法学者たちによってつくられ，最終的には紀元後6世紀に完成されたものです。

　このように図33と図34は創始者も創始の年代も場所もすべて違います。さらに理論づくりの手法も違います。そのうえ理論内容もまったく違います。だから普通の哲学の教科書は，図34の理論には触れていません。このことは図33の事実理論と図34の当為理論を混線させないためにも適切な処置だといえます。

　図33はアリストテレスにもとづいてつくりましたが，あれほど視野の広いアリストテレスが図34の理論には手を出さず，興味さえ示した気配がありません。しかしそうしたことの謎は，アリストテレスが採ったonticity厳守のプリンシプルにあります。しかしそういうプリンシプルにも一長一短があります。長所は，領域を狭くしたから，その理論は純粋性を保てるという点にあります。しかし領域を狭く限ったから他の領域には目が届かなく視野が狭くなるという点がその短所です。

　そこで今のような傾向を具体的に示すため，図35をつくりまし

ょう。

　これは図33のモーレス論と図34のモラル論をとりあげ，両者の対立をクローズ・アップさせただけのものです。

　モーレスとモラルは両方とも英語辞典に出てきますが，どちらもラテン語のmosから出てきました。mosは習俗という意味ですが，moresはその複数形でして意味は同じです。モーレスもモラルも同じ語源 $\sqrt{me}$ から出ましたが，両者の意味はものすごく違います。このことは，フランス語のmoralisteが人間研究家という意味をもち，英語のmoralistが道徳家，道学者という意味をもつことからも明らかです。フランスのモラリストは人間のいろいろのタイプを鮮やかに描写します。しかしそうしたさまざまの人間を誉めたり，誹った<ruby>誹<rt>そし</rt></ruby>りはしません。客観的に眺めるだけです。しかし道学者はいちいち評論を下します。これはいい，これは悪いといいます。こうしなけ

	モーレス	モラル
$\sqrt{me}$	〔羅〕mores（習俗） 〔仏〕moraliste（人間研究作家）	〔英〕moral（道徳） 〔英〕moralist（道学者）
$\sqrt{swedh}$	〔英〕custom（習性） 〔英〕consuetude（慣例） 〔希〕ethos（エートス, 気質） 〔希〕Ethika アリストテレス『人間習性（行動）学』	〔英〕ethics（倫理学）
$\sqrt{ghabh}$	〔英〕behavior（行動） 〔英〕habit（習癖） 〔英〕habitude（習性）	

図35

23——人間はモーレス論とモラル論プラス法論という二つの面で…　　　157

ればいけない，こうしてはいけないと説教します。昔の修身の教科書がその代表です。これは日本だけがやかましいのでなく，世界中がそうです。

　そういう状況から見ますと，フランスのモンテーニュ，パスカル，ラ・ブリエールといったモラリスト，つまり人間研究派は少数派に入ります。ラ・ブリエールは『人さまざま（性格論）』という本を書きました。彼のこの仕事はアリストテレスの弟子であるテオプラストスの同名の『人さまざま』を模範にしたものです。だからモラリストの系譜はアリストテレスに始まる事実尊重派のグループに属するといえます。実際，アリストテレスのどこを読んでも，初期の著作は別として，お説教は見当たりません。これに反し，キリスト教も儒教も仏教も山ほどのお説教が残されていますし，今も生産されています。いったいどの宗教のお指図に従えばいいのか迷います。ただしgolden rule（黄金律）というものがあり，例えば「自分のいやなことを人に押しつけるな」がそうですが，これだけで済むなら宗教とは何だということになりかねません。だからお説教の問題は敬遠しておきます。

24

モーレス論のほうから説明します

　図35のモーレスと同義のことばがあります。$\sqrt{swedh}$ の語根をもつグループです。英語では民衆のcustom（習慣）を意味します。アリストテレス学派はこれの研究はやっていません。この研究は近代のフォークロア（民俗学）という形で成立しました。ヨーロッパ事情に詳しかった柳田國男は，さっそくこれに目をつけ，日本民俗学の創始者になりました。もちろん柳田自身は，心の中で燃えたぎる心情もあったはずですが，それは押し殺し，民衆のやっていることを誉めもせず貶^{けな}しもせず淡々と記録し，さらに実に面白い推論を駆使して，いくつかの理論をつくり上げました。

　customはラテン語系の語ですが，ethos（エトスまたはエートス）はギリシア語です。その意味は気質です。また慣習という意味ももちます。アリストテレスはEthikaつまりエートスの学をつくり上げました。ですから彼の*Ethika*は倫理学とはまったく違うものです。

Ethikaを意訳すれば『人間習性学』あるいは『人間慣習学』と呼ばれるべきものです。そのことを示す例として彼が『エティカ』で扱った問題を紹介します。それは人間と人間との間の交換の慣例の説明です。彼は別に図を使ってはいませんが，彼のいわんとすることをわかりやすくするため，デカルト座標を使います。そして彼の使った品物の名も変えてあります。

　さて図36は等価交換を示すグラフです。ミカン9個とリンゴ3個で物々交換が成立したとします。だとすると両人とも等価交換のときは不平はないはずです。そしてこの状態をアリストテレスは交換の正義が実現したといいます。しかし彼の使う正義は「神の正義」とか「民族の正義」のような重いものではありません。民族，宗教を問わず，昔から普通におこなわれてきたことです。もちろん一方がずるいことをすることも起こりえます。しかしアリストテレスは

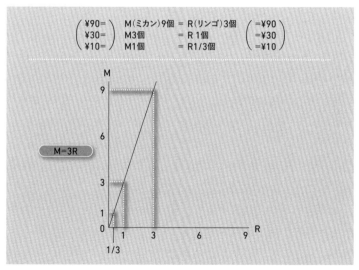

図36

それには触れません。ずるばかりやる人間は結局相手にされず，ずるは長続きしないで自然に消滅するからです。アリストテレスは物々交換だけではなく，貨幣の使用をもちろん考慮に入れておりました。そして人と人との経済行為は等価ということが決め手になるのであり，等価によって正義が成り立ち，もちろん友好も成り立つと考えました。このように見てきますと，図33の個人と個人の社交にはいろいろの形があるけれども，アリストテレスは等価交換という経済行動が人間と人間を結びつける基本的要素だということをはっきり認識していたことがわかります。

　図36ではデカルト座標を使いましたので，そんなものでアリストテレスを解釈するのはアナクロニズムだといって叱られるかもしれません。そこで図37をつくります。

　ギリシア人はシンメトリーを好みましたが，それの物理的な形態は天秤です。ですからミカンとリンゴの物々交換を天秤にかけます。しかしミカン3個とリンゴ1個の交換が成立したにもかかわらず両方を天秤にかけても釣り合いません。これはミカン3個とリンゴ1個を重さという同一の単位で較べたからです。しかし品物の重さなしに貨幣の重さに代えますと天秤は水平を保ちます。つまり同等性を実現できるのです。そしてこれが貨幣経済の原理なのです。アリストテレスはもちろんこのことを知っており，貨幣による等価性の理論を考えていたのです。

　アリストテレスが『エティカ』の中でそうした問題を扱っているのだから，その内容が倫理，道徳とかけ離れていることは確かです。交換によって親交を築くというような行動は，現在のことばでいえば経済行動であり社会行動なのです。そしてアリストテレスが等価交換と貨幣の使用を正面から論じていることから，『エティカ』が近代経済学の基礎を論じていたといえるのです。

時代がずいぶん降（くだ）ってきますが，マックス・ウェーバーは1904年に『プロテスタンティズムの倫理（Ethik）と資本主義の精神（Geist）』という本を書きました。これは名著かもしれませんが，そこに"倫理"と"精神"という二つの危ないことばが使ってあります。それだけではなくプロテスタントという党派的なことばが使ってあります。これを読んでヨーロッパのプロテスタント圏の人々は喜びました。しかしカトリック圏の人は怒りました。騒動はアジアに飛び火し，アジアでは儒教圏の国々が資本主義をつくり出しているではないかと叫びました。日本はどうかといいますと，ある著名なプロテスタントの教授がこのウェーバーの仕事を絶賛し，彼の理論をもとにしたウェーベリアンという学派まで現れました。しかしこの学派は今では消滅しています。

　アリストテレスはプラトン哲学が貴族制に傾いた党派的な哲学で

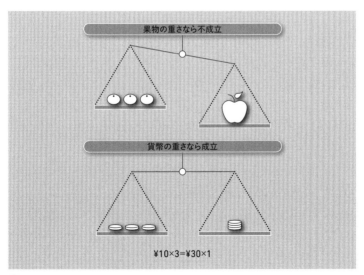

図37

あったのを見て，彼を反面教師としたのでしょう。いたって無党派的な態度を堅持しました。実際，党派性から免れるのは，onticityの原理つまり事実を重んじる立場をとればそれでいいのです。アリストテレスは彼の『動物学』でも科学的実証的な態度で仕事をしたのだから，人間と人間たちの研究にも同じ態度をとったのです。だから彼の仕事は自然科学の先駆であるとともに人間の科学，人間社会の科学の先駆なのです。そしてこれは近代経済学，近代社会学の先駆でもあったのです。

　しかし学問の歴史はアリストテレスの学風に忠実ではありませんでした。経済学一つとってみても数理経済学を深化させていけばよいものを，ウェーバーの経済学やマルクスの経済学が出現し，不思議な様相を示すにいたりました。

　以上でアリストテレスの『エティカ』がどういうものであり，この書物が実は人間科学，人間社会の科学の本流であったことがおわかりいただけたと思います。しかしもう一つだけモーレスに対する類縁概念を紹介させてください。そしてそれが図35で示した $\sqrt{ghabh}$ 語根のことばです。ここでのhabitはモーレスと同じ意味です。behavior（行動）という語は20世紀に出現したbehavioral scienceを連想させます。だからアリストテレスの『エティカ』は行動科学の先駆だともいえそうです。

25

モーレス論に続いて
政治論にも言及します

　アリストテレスは『エティカ』を書き，さらに『ポリティカ』を書きました。この二つの著作を『倫理学』と『政治学』と訳してしまいますと，アリストテレスはなんと移り気で支離滅裂の人物だと思われますが，それは誤解です。『エティカ』と『ポリティカ』はその方法論といい，内容といい密接につながっています。アリストテレスは人間をポリス的動物であると定義しました。だから彼の人間研究は国民という人間の研究が第一義です。しかし国民というからには国家というものの存在を認めねばなりません。そして国家を認めると国と国の関係にまで話が及ぶはずです。そしてこのことは図33（155頁）の黒丸で示したとおりです。しかしいくらアテナイの国民といっても朝から晩まで政治にたずさわっているわけではありません。私的な生活もあります。そしてそれは図33の白丸で示したとおりです。彼らは私人として個人的な生活を送っていましたし，社交つ

まりおしゃべりや哲学談義もやりましたし，経済行為もやりました。以上の人間的行為は図33で網羅しましたが，これをアリストテレスは『エティカ』と『ポリティカ』で精密に研究したのです。そしてその方法論は事実重視の無党派的態度であり，それを一言にしていえばモーレス論的態度だといえるのです。もちろんアリストテレスのモーレス論の作品は完全とはいえません。しかしその非イデオロギー的な態度はいくら賞讃しても足りないくらいの価値があり，アリストテレスの後輩たちがつまらぬ寄り道をしないで彼のプリンシプルによって仕事を深めていけば，今よりずっと早くにまともな人間の科学と人間社会の学ができたはずなのです。

『エティカ』の内容は簡単ですから，等価交換の話だけで切り上げることにし，『ポリティカ』の内容の説明に移ります、図33の人についてはアリストテレスの弟子が『人さまざま』を書いています。人さまざまの仕事は弟子にまかせ，アリストテレスは「国さまざま」の仕事に着手します。人間はポリス的動物だからです。彼は動物分類の仕事をみごとにやってのけました。しかし人種分類はやっていません。せいぜい肌の色の黒いエチオピア人と白人の区別をおこなっている程度です。うんと遠いアジアの黄色人種のことは知るよしもありませんでした。彼はだからギリシア全土に見られるポリスの分類を手がけました。ポリスの数は1000前後の多数にのぼるので大変ですが，アリストテレスは分類の原理として数を用いました。そしてそれが図38です。

数を用いたのには理由があります。数は数学に属しますが，数学的方法は価値やイデオロギーから逃れる最も安全な方法だからです。こうしてアリストテレスは，王制，貴族制，国民制の三つのジャンルを抽き出しました。そしてその三つについては優劣をつけるのを控えました。数の原理に立っているからです。ちなみにこの三つは

ポリスそのものの分類というよりはポリスの制度，国制の分類です。こうした国制を現代の英語ではconstitutionと呼んでいます。国のかたち，国のなりたち，つまり国の構造という意味です。このconstitutionという英語にはもう一つの意味つまり憲法という意味があります。というのも憲法は三つの政体のどれを採用しているかを明示しているからです。現代世界の憲法の中には一党独裁制を掲げる憲法が残っています。だから初めから政体に優劣をつければ激怒する国がでてきます。しかし政体に優劣をつけないというアリストテレスの立場は中立の立場ではなしに，まず選択肢の整備から始めようとしたのだと考えられます。だとしたらアリストテレスの本心はどうだったのでしょうか。賢明なアリストテレスは図38の国民制をpolityということばで表現しました。「平民」ということばは使っていません。polityは英語ですが，もちろんギリシア起源の語です。そしてその原語はpoliteiaです。これは単に国制という意味ですが，実はそれだけで良い国制という意味です。「花は桜木，人は武士」と同じで，国制といえば，良い国制という意味となります。

　国制を意味するpoliteiaはpolites（ポリスのメンバー）からなる制度という意味です。したがって良い国制とはポリスの全メンバーからなる制度という意味になります。ですから全メンバーつまり全国民が関与する国家制度が，国家制度中の国家制度だということになり

一人制	王制	暴君制
少数制	貴族制	寡頭独裁制
全員制	国民制 （polity）	衆愚制 （democracy）

図38

ます。アリストテレスは平民制ということばを避けてpolityという
ことばを使いましたが，そうすることで国民制が最も妥当だという
気持を暗示したかったのでしょう。

　このようにアリストテレスはpolityという語で国民制が最高の国
制だということを論理的に示しました。しかしアリストテレスは理
論家であると同時に現実家です。当時のギリシア世界を眺め，国民
制が簡単に衆愚制に移行することを目にしました。しかし彼は王制
がたちまち暴君制に移行し，貴族制が寡頭独裁制へと移行するとい
う現状をも観察しています。だから事実重視のアリストテレスは，
実は国民参加制をdemocracyと呼ばずに衆愚制のほうをdemocra-
cyと呼んだのです。何ともシニカルな（世をすねた）態度ですが，こ
れは安易にデモクラシーを錦の御旗にして利用する輩よりは賢明だ
といわねばなりません。

　図38は以上のような複雑な問題を孕んでいますから，国制の優
れた分類とはいえないでしょう。ですからアリストテレスがポリス
の研究についてそれよりもっと掘り下げた仕事，そしてもっと納得
のいく仕事をなしとげたことを紹介いたします。

　図39はアリストテレスの主張をデカルト座標で表現したものです。
横軸は財力の大小です。縦軸は権力の大小です。ⓐは富者が権力を
握った政治形態です。ⓑは貧者が権力を握った状態です、両方とも
カーブは片寄っています。しかしⓒは片寄ってはいません。さてⓐ
の形態ですと富者がのさばり貧者は酷い目にあいます。しかしⓑの
場合は貧者がのさばり富者は酷い目にあわされます。だとすれば残
された道はⓒとなります。ⓒの場合は富者階級が勝手なことをする
ことを抑制でき，貧者階級が権力を握って酷いことをすることを抑
制できます。つまりⓒは左右に対しまったくバランスがとれた状態
です。

アリストテレスは多くの場面で中庸というものを重んじました。中庸の庸は凡庸の庸でして片寄らないことです。だから中庸はその凡庸をよしとしているのです。中庸はgolden meanと訳されます。meanは中数あるいは中間値（平均値）を意味します。これにgoldenがつくとすばらしい値という意味になります。このようにgoldenがつくからには中間値は貴重な数値であり，この黄金値を大切にすることはgoleden rule（黄金律）の一つと数えてもよいでしょう。アリストテレスの師プラトンはその出身からして根っからの貴族主義者です。だから彼の政治理論はphilosopher-king（哲学者王）の支配を理想とするものです。しかしそんな都合のいい人物は探しても見つかりません。だからアリストテレスは凡庸者主義をとります。アリストテレス自身は凡庸ではありませんが，どうせ少数派です。凡庸者が絶対的に多いから彼らに勝を譲らざるをえません。実際，知識の多少で人間を評価するのは難しいのです。それよりも所有している財産の多少によってなら人間を一本の数直線上に並べられます。だからアリストテレスはポリスの体制を考えるうえの軸の一方を知力でなしに財力にとったのです。こうなると知力の軸が必要となり

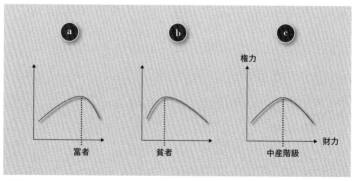

図39

　　　　　　　　　第1部　正統の西洋哲学

ますが，今は政治を問題にしているのですから政治的な力つまり権力をそうした軸に定めます。そしてこの二本の軸で図39の政治空間がつくられ，この空間の中で，大別して三種のグラフを描くことができるのです。

　中庸の徳はもちろんいたる所で尊重されます。しかしこれは通常は個人の行動原理として使用されます。ところがアリストテレスは同じ中庸の原理を国家体制に適用したのです。とすると図39の三つのグラフのうちⓒが中庸だということになるのは必然です。

　ところが現実を冷徹に観察しているアリストテレスは，ⓒがベストだからこれでいけばよいとはいいませんでした。アリストテレスは自分の著書の中でⓒという中間の国制は決して実現しないか，あるいはきわめて稀だということを正直に認めています。しかし彼は稀だといいますが，ゼロだとはいっておりません。そしてその稀なケースが実はギリシア史上存在しているのです。アリストテレスはそのことを知っていましたが，その事実を明記してはおりません。その事実とは何でしょうか。

　BC5世紀にアテナイのポリスで，中産階級が大量に発生したという事実がわかっています。これだけ多くの中産者が出たのだから彼らが政権を握ってもよさそうなものだがそれまでの貴族制のためにすぐにはそうなりませんでした。ところが新しく発生した中間層は一定の財力をもつことによって自弁で武装を備える力をもつことができました。その武装とは大型の楯と長い鎗とそれに自分自身を守る鎧と兜です。こうした重装歩兵の出現で戦いの様相が一変しました。戦といっても内戦ではありません。ポリスとポリスの戦争です。それまでは戦闘の主力は騎士でした。つまり重装備をして馬に乗る戦士たちが闘っていたのです。しかし少数の貴族しかそんな装備はまかなえません。ところが中産階級が大量に発生し，彼らは重装歩

兵として戦闘に参加できるようになりました。

数からいえばそうした歩兵隊のほうが圧倒的に多くなります。すると騎士の働きは相対的に低くなります。このようにして財力と武力を身につけた中産階級が圧倒的に多くなりますと，当然のこととしてポリスの政治的権力は文字どおりの平民政治つまりデモクラシーとなります。そして理屈からいえばこれがいちばん安定した政権なのです。だからそれは理想的な政体といえます。しかし数多くのポリスの中でこのようにうまく中産階級を発生させたのはごく少数であり，しかもそれに成功したとしても，せっかくつくった中産階級の間で所得格差が広まってきて中産階層制が崩壊します。すると図39のⓐまたはⓑまたはⓐとⓑ両方ということになり，ⓒの体制が崩れてしまいます。そしてアリストテレスはⓒの成功例と，その消滅例をしっかり見届けたはずです。

とはいえアリストテレスが安易にデモクラシーを礼讃することはせず，むしろデモクラシーそのものを支える構造を図39の形でキャッチしたのは大した着眼といえます。

中産階級の発生と集団的歩兵部隊の出現と民主政治の発生との関係は世界史の至る所で見られます。14世紀から15世紀にわたっておこなわれた英仏間の百年戦争で，フランスの騎士はイギリスの歩兵隊に惨敗しています。馬上の騎士は歩兵たちによって遠くから射殺され，接近戦でも馬からひきずり落とされて殺されました。少人数の馬上試合で闘っていた騎士は多くの歩兵に取り囲まれて簡単に負けたのです。そしてこれはイギリスにおける平民階級の地位向上をもたらしたのです。

同じことは日本でも見られます。応仁の乱から戦国時代にかけての足軽兵の活躍が，源平・鎌倉時代に見られる騎馬武者の一騎打ちの闘いを終らせ，庶民の力を見せつけましたし，明治日本で西南戦

争以後，武士に代わって国民軍が主力になったのもその例となるで
しょう。

　このように世界の至る所で見られる現象はギリシアのポリスの時代
にも起こっていたのであり，それが庶民の地位向上と政権獲得へ
の道を拓いたのです。そしてそれをいち早く理論化したのがアリス
トテレスだったのですが，この理論は図39という形で数学的グラ
フとしても十分耐えうる普遍性をもっているのです。

　図39は確かに自然界，とりわけ生物界では個体の大きさの分布
を例にとればそうしたカーブのとおりです。だから人間の個体の身
長の分布もこのカーブに従います。それゆえ図39の©も正常であり，
健全だと思っても当然です。しかしアリストテレスが指摘するよう
に，この健常なはずのカーブが人間社会ではきわめて稀なのです。

　とはいえ古代ギリシアの多くのポリスのうちでアテナイ人はみご
とにこのケースを実現させました。そしてその結果としてギリシア
的デモクラシーとギリシア文化という花を開かせ，今にいたるまで
人類の政治体制の模範，人類文化の典型とされているのです。

　このようにしてアテナイにおける民主主義と学問芸術の出現が図
39の©という国家体制つまり中産階級の圧倒的多数という構造に
もとづいていることがわかりました。つまり柳の下にはどじょうが
いることがわかったのです。だとすれば，どじょうの棲みやすい柳
の木のある淵をつくりだせばよいのです。

　中産階級支配が国家として最も健全であるというアリストテレス
の指摘は，ギリシア文化を継承する欧米圏そして遅ればせながらこ
の圏内に入ることを決意した日本国もそれを認め，それを実行に移
し，その結果大きな成果を挙げてきたのです。しかし中産階級健在
という状態は，絶えず格差拡大の危険に脅かされています。だから
この問題は現在の最も大切なことがらだといえるでしょう。

中産階層重視というアリストテレスの理論は，おそらくアリスト
テレスの残した業績の最大級の仕事だといえます。アリストテレス
の形而上学は有害だから廃棄されるべきだし，自然学も動物学も完
全に乗り越えられています。しかしアリストテレスの『ポリティカ』
つまり『国家学』はいまだ乗り越えられていないどころか，今こそ
その真価を発揮しつつあるのです。

　日本人やアメリカ人はとにかくとして，ヨーロッパ人の知識層は
実によくアリストテレスを読んでいます。ただし彼らは『形而上学』
などは読みません。論理学の著作も読みません。読むのは『エティカ』
と『ポリティカ』です。しかし彼らはそれによって倫理学や政治学
の知識を得ようとしているのではないのです。『エティカ』と『ポリ
ティカ』の本当のいわんとするところは前に説明しました。彼らは
アリストテレスのその理論を学びたいのです。というのはこの二つ
の著作が現在でも人間と人間社会を研究するうえの唯一最善のテキ
ストだからです。この中に近代の経済学理論や，イデオロギーに毒
されない社会理論や国家理論の原石を見つけることができるのです。

　筆者は，イギリスで古典学の教育を受けてオーストラリアで古典
哲学の講義をおこなっている女性学者と腹を割って議論をしたこと
があります。そして両人で一致した結論は，やはりアリストテレス
の『エティカ』と『ポリティカ』が最も読み応えのある作品であること，
そしてアリストテレスのこうした著作に較べるとプラトンの『国家』
などは児戯に類するものであり，それどころか有害だという一点で
した。

26

モーレス論の次に
モラル論の説明をします。
これには義務論が使われています

　以上で図33の説明を終り，図34（155頁）の説明に移ります。

　図34は二部に分かれていますが，順序として上段のモラルの部分から始めます。この部分はポルフィリオスの樹とは無関係な世界です。ポルフィリオスの樹には感覚と理性が含まれています。そしてこの二つだけで科学的思考法つまり理系の思考を進めるには十分だったのです。しかしそれだけではもの足りないという気持があって，新しく感情と意志を追加するということになりました。

　ところで感情あるいは情動は，前にも指摘しましたようにギリシア語ではpathosといいます。この語の原義は受動という意味です。感情または情動がラテン語ではpassioといい，その原義が受動という意味をもつのと同じです。実際，ラテン語を継承した英語のpassion（情熱）も passive（受動）という語から出てきたのです。

　passioというラテン語は中世キリスト教ではイエス・キリストの

十字架上の苦痛つまり受難という意味に使われます。この場合の passioは悲痛の感情を意味します。pathosという英語は哀感という 意味をもち，日本語でもペーソスという語になっております。

　このように感情は受動という意味をもち，それゆえ受動的，消極 的な性格をもつものです。しかしそうした受動性が，やがて能動性 をもつことになります。実際，英語のpassionは熱情，激情，そし て激昂という意味にまで転化します。そしてpassionateは熱狂的 という意味をもつようになります。

　感情がこのように危険な状態になると放っておけません。だから それの対策の一つとしては沈静化を計るという手があります。激情 を消し去ろうとすることです。これは東洋では「不動心」を養うと いうふうに表現されます。しかし西欧ではこれをapatheiaあるい はapathy（アパシー）といいます。これはpathosを捨てること，pa- thosを無視するということです。この立場はまさにポルフィリオス の樹の枠組に従ったものです。つまり感覚と理性は認めるが，感情 は認めないという立場です。そしてこれは科学者が信条とする立場 です。

　ところが不動心を身につけるということは，通常の人間には至難 のわざです。いくらがんばっても，感情や感動が雲のように湧き出 てきます。その中にはもちろん激昂の状態に達するものもあり，そ れを行動に移すと大変なことになります。受動から能動に転じると いうのはニュートンの反作用の法則の教えるとおりです。しかし石 ころならとにかく人間であるかぎり，押されたら押し返すでは芸が ありません。だから人間らしい方策をギリシアの哲学者たちは考え ました。そしてそれが激情を野放しにするのではなしに，激情をコ ントロールするという思想です。そしてこれは克己主義と呼ばれま すが，己の激情に打ち勝つという考えです。この考えは感情を自制

するという優れた態度としてストイックと呼ばれているものであり，古今東西においてよき道徳として賞讃された態度なのです。

このように奔放な感情を傍観するにしのびず意志によってコントロールしようとしたことからモラルがうまれたのでして，これがモラル主義とモーレス論の違う点です。そしてモラルとなれば，それは当為理論だというべきです。こうしたモラルはその対象が人間および人間社会ですから図34の上段のような細分化が可能です。一個人のモラルは自分が自分を制することであり，これは儒教では修身といわれていました。次に二人の人間の間の感情には友情があります。これはいいことですから奨励されます。しかし二人の間の憎悪は暴力や怨恨にまで発展しますから，それを食い止めることが奨められます。

次に国家も一国至上主義になり，侵略主義をとることは非難されます。また二国間関係も友好が喜ばれ，他方戦争にまで進むような険悪な関係は心配されます。

以上がモラルというものの概観ですが，どれも，「しなさい」と「してはよくありません」という当為命題で表現されます。しかし強制力はありません。奨めを守らず踏みにじったところで罰則はありません。しかし実際のところ世界中どこを探しても全員がモラルを守り，一人の違反者もなく和気藹々と日常を過ごしている社会は極楽や天国を除いては見つからないでしょう。しかしこういうことになるのも，もとはといえば人間の感情には情念，情愛，情欲，情熱，薄情，非情，無情等，種々雑多のものがあって，とてもそれらの分類など難しすぎてできません。ところが実をいえば文学者はまさにこの領域を自分の草刈場としているのです。

文学者夏目漱石を例にとりましょう。漱石がロンドンで下宿住まいをしていた時代，彼は物理化学者池田菊苗と一時同じ下宿で過ご

しています。そして科学というものが何であるかを感じとりました。彼は「文芸の科学的研究を思い立たしめられ」帰国後『文学論』を書き上げました。なかなかよくできた著作ですが，漱石はその仕事をその後放棄してしまいました。文学と科学は違うということを悟ったからです。漱石はまた円覚寺に参禅し，釈宗演の指導を受けています。彼は晩年『明暗双双』を書きました。この本の題は禅語を使っていますが，内容は俗世界の男女が登場する小説です。漱石は鈴木大拙のような禅者にはなりませんでした。つまり宗教家にはならなかったのです。

　漱石は若い時に『草枕』を書いています。ここで「情に棹させば流される」といっています。もちろん登場人物は情に流されないように自分をコントロールすることはしません。棹などをさして激流に乗り入れること自体を止めます。主人公は人情そのものを捨て「非人情」を求めます。現実逃避です。しかしそんなことをして一生を送るわけにもいかず，主人公も漱石自身も現実の情の世界を小説という形で探究し続けたのです。

　漱石は結局，科学者にもならずモラリストにもならず宗教家にもならなかったのです。ここから見ても情の世界は科学で扱えるものでもなく道学者が出てきて説教をして済ませるものでもありません。そうした世界にまともに取り組もうとすれば漱石くらいの苦闘をしてもそれで何とかなるというほど甘いものではないのです。

　こういうことはアリストテレスをはじめ，彼の哲学を学んだ哲学者たちはよく知っていました。そしてだからこそポルフィリオスの樹から情と意が削りとられていたのです。今は情というものがどれだけ厄介なしろものであるかを紹介しましたが，意志はもっと難しいしろものです。意志はいちおう情を抑えつけるという働きをしますが，それだけが意志の仕事ではありません。「意馬心猿」のことば

どおり，意志が暴れだすと手におえません。

　ニーチェは情をなんとか抑えようと努力したキリスト教をぶちこわし，「権力を求める意志」という恐ろしいスローガンをぶち上げました。ニーチェからは何を欲しても許されるというアナーキーなニヒリズムも生まれますが，権力だけを一点集中的に追求するという無茶な考えを正当化する哲学もつくられたのです。

　このように考えてきますと，図34のモラル論の対象は実に厄介な領域だといえます。それだからこそギリシアの哲学者たちは情意を敬遠し，科学的探究への道を選んだのです。しかしそれで問題が片づいたわけではないのです。結果的には彼らは情意の問題から逃避するという卑怯な態度を選んだという批判を免れないのです。

　このようにモラル論は，通常考えられるほどありがたがられるようなしろものではないのです。だから事実と理論一本槍の実証主義信奉者は，自分に情意の問題に興味を示すことを禁じます。しかしこういうモラル論の無能性を克服する立場を人類は見つけ出していたのです。そしてそれが図34の下段にある法論の発明なのです。

27

モラル論よりもっと完備した法論の
説明をおこないます。
これは義務論理学に支えられた
整然とした理論です

　法論はモラル論のように理論化が絶望的な営みとはまったく異な
ります。初めからしっかりした理論で武装されています。この武装
によって法理論体系が完成し，その体系は20世紀になって成立し
た義務論理学によって下支えされています。ですから図34のモラ
ル論と法論の間にどれほどのギャップがあるかを知ってもらうため
に，法論の最先端の紹介から始めます。

　ここでは漱石が一生かかって書き続けた文学の世界と法学の世界
との違いがご理解できることと思います。漱石が『草枕』で述べて
いるように，法律というものは「（自分勝手な）意地を通せば窮屈」な
世界です。法というものは，掟ですから窮屈なものであることはや
むをえません。しかし法は窮屈なものを押しつけるだけのものでは
ありません。窮屈とは正反対の自由というものをも与えてくれるも
のです。そしてこのことを義務論理学は構造的理論として保証して

いますので，学問発展の歴史を流れに沿って説明するのとは逆に，話を最新の考えから始め，そこから遡行していくという手法をとりたいと思います。

まず図40をつくりますが，これは図33と図34のonticityとde-oncityの根拠となるontic logic（事実論理学）とdeontic logic（当為論理学）の構造を示したものです。

ⓑはⓐを上方に平行移動させてつくり上げた図でして，ⓐもⓑも美的といってよいシンメトリー的な構造をもっています。

まず図40の記号の説明をいたします。ⓐⓑを通じてpは命題を意味します。この点が図7（41頁）でAがクラスを意味したのと違う点です。ⓐのNpはpの否定を意味しますが，ⓑではp以外の記号の前にも使われます。次にⓑではⓐに使われなかった記号Pが使われます。小文字のpはproposition（命題）の略ですが，大文字のPはpermissible（許される）の略です。とにかくⓑではPという記号が使われており，これとNとを組み合わせると図41ができあがります。

これはNを不，Pを許に置き換えただけのものですが，図41をつくってみると，意味内容が突然明瞭になってきます。とりわけ不

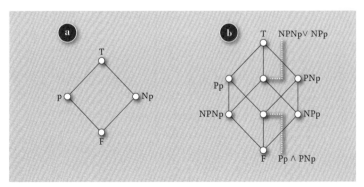

図40

許不は「〜せざるを許さない」となって「〜すべし」つまり「当為（まさにすべし）」と同じになります。図41はそのシンメトリー性も完璧で，不と許の結合の仕方も絶妙です。しかし不許不という表現は不自然な感じを与えます。実はこの語法は哲学者朝永三十郎の創案になるものでして，いかにも頭脳明晰な学者の考えることにふさわしいといえます。

　しかし法学者はこんな奇妙なものを使おうとはしません。そこでこんどは法学者用の図42がつくられました。この図ではNPNpは不許不から当為へ，そしてさらに義務にまでたどりつき，ここで法律用語として落ち着きます。

　ところで法律というものは昔は掟であって「〜すべし」と「〜すべからず」だけでしたが，実はそれだけではなく，殿様は「許す」といったり「好きにいたせ」とか「よしなにはかれ」とかいったりしました。そしてこれを民の側から権利ということばにまで押し上げました。こうして近代法は義務と権利の両方を備えることになります。それどころか日本国憲法は権利の大盤振る舞いで，義務は納税ぐらいのものとなっています。

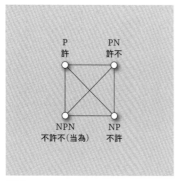

図41

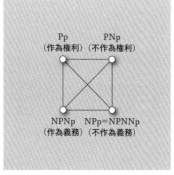

図42

それはとにかくとして，権利と義務がどちらも法学の必須の概念だとすれば，図42が示すようにいっそのことNPNを一括りにして義務と解し，Pつまりpermissible（許可）は権利としたほうがよいでしょう。ただし図42を権利と義務の二概念だけでつかまえることはできません。図42の要素は四つあるからです。だとすれば義務と権利に作為と不作為を掛け合わせて四つの新しい概念をつくればよいでしょう。そしてそうした複合概念のうち作為義務と不作為義務のペアのほうは現行法でも重用されています。

　ところで作為という動詞ですが，これはpの中に使用されています。というよりはpの中の動詞は作為動詞つまり（do〔為す〕）しか使ってはいけないのです。「あってはならないこと」とか「あるべきこと」という言い方は法律では使われません。法律は人間の行為をしばるものですから，天候に対してこうせよとかこうするなといっても無意味だからです。

　このようにして図42まで至り着けば，なんとか法律に使えそうな論理構造ができたように思われます。しかし実はそんなことで満足してはいけないのです。義務論理学つまりdeontic logicは本当は図40ⓑのような形をしているのです。図40ⓑと図42を較べて見ますと，図42の四つの要素は図40ⓑの中に洩れなく収まっています。そして図40ⓑの要素のほうが図42より2倍も多い8個なのです。しかも要素間のつなぎ具合もだいぶ異なっていて複雑になっています。だとすれば図40ⓑの勝利は間違いなしです。

　アリストテレスから始まるヨーロッパの論理学者は，論理学を長い間図42のような図式に頼って計算してきました。この図は確かにシンメトリカルで整ったものでした。しかしこれでは事態の全貌を把握するには不十分であり，それゆえ欠陥商品だということがわかってきました。そして20世紀になってやっと図40ⓑといった完

成品がつくり出されたのです。

　図42になくて図40ⓑにある要素はNPNp ∨ NPpとPp ∧ PNp の二つです。Pp ∧ PNpは「これこれのことをしてもよいし，しな くてもよい」を意味します。そしてこれを一語に言い換えますと， 自由となります。つまり自由は作為権利と不作為権利の両方を含む 豊かな概念なのです。

　投票の権利という場合，もちろん投票に行くことが許されること を意味しますが，投票に行かなくても罰せられることはありません。 投票するかしないかは，それこそ自由なのです。そして現行の法律 は，権利をこうした自由の意味に解釈しています。しかし自由は PpとPNpをつなぎあわせたものですから，この両者を別々の独立 存在と考えてよいことはもちろんです。

　このようにして図40ⓑが当為の論理学の構造としてはベスト と いえますので，これからは図40ⓑに基づいて話を進めていくこと にします。

　155頁に図33と図34の二つを並べましたが，この二つに図40を 適用いたします。すると図33はそのままでいいのですが，図34の モラル論に対しては図40ⓑを厳格に適用できません。だから図34 からモラル論を削り落とします。すると図43のようなすっきりし た図ができ上がります。

　これは「もの」の分類図です。「もの」とは前に説明した支柱語です。 「もの」は「存在」といっても結構です。だから「自然的なもの」とい ってもいいし「自然的な存在」といっても結構です。図43を見ても わかるように「もの」という支柱語は実に便利なことばです。ポル フィリオスの樹での「もの」は図1で示されているように「実体」です。 実体つまり「もの」という語を使うだけで，簡単に「物体的なもの」 と「非物体的なもの」という二種の「もの」がつくれます。しかし前

者はいいとして後者は，数限りない不可思議を生みだします。霊とか心とかがその例です。しかしこんなものにつき合っているのでは埒があきません。だから一応それは切捨てて，「もの」は物体的なものに限るとしました。そうしてそれが物体主義（自然的な存在主義，物理主義）でした。

しかし図43では，再び新しい支柱語の利用を試みています。今度は「非物体的なもの」でなしに「法的なもの」という新しい「もの」をつけ加えました。しかしこの法的なものは図40ⓑで示される論理学で支持されていますので，「非物体的なもの」よりはずっと健全です。そしてその根拠をこれからお見せすることにいたします。

図44をつくります。

この図は図43の4分類のそれぞれに具体例を与えたものですが，少々コメントを加えます。自然的なものの例はポルフィリオスの樹

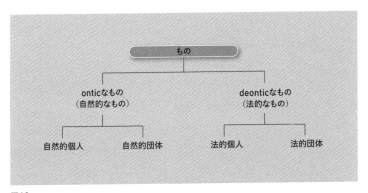

図43

自然的個人	自然的団体	法的個人	法的団体
一個人	会社 国家	一国民	社団法人 国家法人

図44

のうちのcorpus（物体）より下にあるすべてを含みますが，図44では人間に限定します。この場合の人間は正確にいえばhuman body（人身）であり，human being（人間的なもの，人間的な存在）ですが，「もの」と「存在」が支持語です。ポルフィリオスの樹は図4の示すように，自然物だけを含みます。だから人間も自然物といえます。ただし人間（man）には単数と複数がありますから人間は自然的個人と自然的団体に分かれます。そして後者の例としては会社と国家があります。国家の発生は古いのですが，会社の起源は近世ヨーロッパに始まります。図44の左半分において，ポルフィリオスの樹の人間が個人と団体の二つに分割されることで，人間という概念が豊かになりました。

　しかしこうした個人–団体のペアを今度は図44の右半分をつけ加えることによって人間の概念が倍増します。しかし新しく派生したそうしたペアは，ポルフィリオスの樹の人間とはまったく別物です。そうしたペアはポルフィリオスの樹の縄張りから飛び出し，まったく新しい人間の国をつくるのです。この国はもはや自然の国ではありません。しかしお伽の国の人間ではありません。小説の中の人間でもありません。ましてや天国や極楽浄土の人間でもありません。それらは法的世界に住む人間なのです。

　私は法律など認めない，そんなものは一部の人間が自分の利益のために捏造した虚構のしろものだといい張る人がいます。しかし法というものは人間にとってなかなか恐ろしいものなのです。英語のlawには二つの意味があります。自然法則と法律の二つです。図44の左半分の自然人は自然法則に縛られます。だから一人の人間でも，一緒に縛り上げられた複数の人間でも，ビルの窓から突き落とされるとえらいことになります。

　しかしもう一つのlawである法律によっても，人間は法律に背い

た行動をおこないますと，処罰を免れません。ただし人間であって
も赤ん坊や精神障碍者は別扱いされます。罰せられるのは責任能力
のある法人格をもつものだけに限られます。こうして人間という「も
の」は「自然的な人間」と「法人格をもつ人間」とに区別しなければ
なりません。どうしても自然的な人間とは別に法人格的人間という
存在を認めざるをえません。しかしそれを認めるといろいろと便利
なことが生じます。しかもそれは日常の現実世界における便利性な
のです。だからそうしたアイデアを捨てておくのはもったいないと
いえます。

28

複眼的な視点から人間と法人格が峻別されねばならないことが結論づけられます

　図43に見られる二種類の人間の存在は，ヨーロッパでは早くから認識されていました。そしてこの二種類はラテン語のhomoとpersonaという語で区別されていました。homoは今までも*Homo sapiens*というふうにラテン語のままで使われていますが，これは生物学で使うことばです。つまり人間を自然的存在として扱う時に使うことばです。他方personaという語は英語ではラテン語そのままではなく，person（パーソン）として使われます。

　ここで日本国憲法をひもといてみましょう。ただし日本語だけでなしに英語版のほうも参照します。第22条は「何人も居住，移転及び職業選択の自由を有する」はEvery person shall have freedom to choose and change his residence and to choose his occupationsとなっています。

　まず「何人」もという日本語に注目します。これは「なんぴと」と

読みます。あまり使われませんが，歌舞伎には使われますし，漱石も使っています。だから日本の法律家もそれを使ったのでしょう。しかし英語では法文の場合manということばは決して使いません。personしか使いません。しかし日本語にはpersonに対することばがないのです。

　次に「有する」という語に対する英語はshall haveであって，決して単なるhaveではありません。法文は事実文ではないからです。

　こう見てきますと英語をはじめヨーロッパ語ではman（homo）－haveとperson（persona）－shall haveという二つのセットがはっきりと書き分けられています。そしてこれがまさに図43，図44とぴったり照合するのです。しかもそれはさらに図40（179頁）とも合致します。

　図40に戻りましょう。ⓐのpは命題ですが，これは事実命題です。だからpの主語は物体，生物，動物，人間のうちのどれでも結構です。鉱物でも結構です。これらが主語となる場合，述語の動詞は平叙文をつくる動詞です。ところがⓑの場合の命題pは大きな制限を受けます。つまりpの主語は大きな制限を受けます。「山は動くべきだ」などとはいえませんから山という主語は排除されます。「人体が左側を歩く」とはいえますが「人体は左側を歩くべきだ」といえません。左側を歩くべしと定められている対象は，義務に従う能力をもつ法的人格者でないと困るのです。こう考えてきますと図40ⓑは法的命題に特定の内部構造を要求するとともに他の法的命題とのいろいろな関係をも規定するものといえます。

　このように考えますと図44の分類はその背後にきちんとした論理構造が控えており，この構造がすべての法文および法文の集合を底から支えているといえるでしょう。

　図44に戻ります。一個人つまり一個体もその集合体の会社も国

家も，権利と義務の主体ではありません。権利と義務の主体は法的個人と法的団体だけなのです。法的個人はpersonとして権利義務の主体ですが，権利義務の主体を団体にも拡大しようというすばらしいアイデアが思いつかれました。そしてそれが社団法人です。これは団体というものにも法的資格を与えようとするもので，この考えは非常に便利なものだということがわかり，現在ではむやみにたくさんの社団法人が認可され，こうした社団法人に対する法律もきちんと整備され，うまく機能しています。

ところで団体には会社のほかに国家があります。国家のほうが会社より発生は古いのですが，それだけに国家の定義が難しいのです。しかしそういう自然発生的な国家というものを思いきって法的存在にしようという発想が19世紀に生まれました。それが国家法人説です。これが厳密に法制度化されますと，一国民が国家を相手取って対等の立場で裁判を起こすことができます。

このように国家を法人とすれば便利なことが生じますから，すべての国家を法人とすれば，立派な国際法が生まれるはずですが，これはまだうまくいっていないようです。日本は明治の開国にさいして「万国公法」に従おうと決心したのですが，人類が完全な万国公法つまり国際法をつくりあげるには世界政府をつくるのが先決して，それはまだ先のようです。

図44では一国民および国家法人という語を使いましたが，国民はJapanese nationalあるいはJapanese peopleです。そして日本国はJapanあるいはthe Stateです。ちなみに憲法では"なんぴと"の"ひと"と"日本国民"は峻別されています。公務員の選定は国民に固有の権利であり，外国人にはその権利はありません。しかし"なんぴと"の中には日本在留の外国人も含まれますから，憲法で「なんぴとも」に認められる権利はもちろん享受できます。

それから憲法には市民という語も市民権ということばもありません。市民権ということばはcitizenshipの誤訳でして"国民権"が正しいのです。だから市民運動といわれるものも国民運動とは別ものとして区別する必要があります。

　homoとpersonの区別が大切なことは上述のとおりです。この区別はローマ法時代からおこなわれていましたが，中世キリスト教の教会法でもおこなわれました。キリスト教では赤ん坊は生まれたままではただの自然的な人間です。だから生後しばらくして洗礼を受けなければなりません。この洗礼を受けて初めて"人間（homo）"は"キリスト教徒（persona）"になります。そしてこのキリスト教徒になって初めて，神の恩寵を受ける権利，そして天国へ行ける権利が手に入ります。しかし他方で，十戒を守ること，日曜日に教会に行くこと等々の義務を課せられます。こうして自然のままの人間はクリスチャンになることによって権利と義務の主体つまりペルソナ（教会法的人格）となるのです。

　こういう考え方は宗教というものの性格を実に正確にそして構造的につかんでいるといえます。このように洗礼を受けてキリスト教徒となって未来永劫までの特権を手に入れたのはよいのですが，洗礼を受けていない者はどうなるのでしょうか。キリスト教会ができる以前の人間はどうなるのでしょうか。またキリスト教に遭遇しなかった人々はどうなるのでしょうか。世界中一人残らずキリスト教徒にすることが教会の目標でしょうが，これが不可能なことは事実によって証明されています。だとするとキリスト教は一つの党派にすぎないといわざるをえません。キリスト教徒でないものは教会法を守る必要はありません。キリスト教徒以外の人間に教会法の掟を強いることはできません。

　これは仏教でも同じです。仏教徒以外の人間は仏法僧の三つを尊

崇する義理はありません。仏教徒以外の外国人は大きな金ぴかの仏像や千体もの仏像を見てびっくりすることは確かですが，果してすべての人がそれをみてそうした仏たちに成仏を願うでしょうか。

　宗教と似た集団がマルクスによって生まれました。イデオロギー集団です。そしてこれに対抗するようにナチズムの集団が出てきました。宗教教団も異教弾圧や宗教戦争で暴力を使いましたが，暴力を使わないことが原則です。しかしイデオロギー集団の中には暴力に対する自己抑制はありません。自分の党派の利益を最優先とするそのような擬似的な法的集団に較べれば，ローマ法以来改善され続けてきた世俗的で論理的な西欧系の法体系が暴力によって蹂躙されるということはどうしても食い止めねばならないことなのです。

　もう一度，personaおよびpersonという珍しい概念を考察してみましょう。ラテン語の辞書でpersonaという語を引いてみますと①俳優のかぶる仮面，②芝居の登場人物，③役割，④文法的な人称，⑤法的人格，となっています。

　次に英語の辞書でpersonを引いてみますと，①以外のすべての意味が引き継がれています。イギリス人はみごとに古典ローマの遺産を引き継いだといえそうですが，①の意味を忘れてしまったのは致命的な失態でした。というのも①の意味を押さえれば，②以下の意味はすべて論理的に引っ張り出せるからです。①の意味についていえば，イギリスの知識人はラテン語が叩き込まれていますから知っていますが，イギリスの庶民は知りません。ましてや現代英語を学んだ日本人にはそんなことがわかるはずがありません。こういうわけですから憲法でpersonに当る法律語を「なんぴとも」ということばで翻訳してしまったのです。

　ところでマスクつまり仮面なら，日本でも神面，能面，ひょっとこのお面などいろいろありますし，たいていの原始民族もお面をつ

くっています。しかしよりによってお面から法的人格としての personまでたどりつけたのは、ヨーロッパ民族だけだったのです。

　日本人でも法の存在そのものは知っていました。しかし憲法を訳するのにpersonとshallという基本語にぴったりの日本語をもちあわせていませんでした。しかしそんなことで絶望する必要はありません。イギリス人だってlawという一語で自然法則と法律の二つの意味を表現させているのです。

　後発の日本人が先進民族の優秀さをうらやんでも仕方がありません。ヨーロッパ人も無様なプロセスを経ながら図40ⓑのようなスマートな形を見つけだしたのです。ですから後進国日本はそれを引き受け、さらに発展させればいいのです。とはいえヨーロッパ人がどういう努力によってそんなものを見つけることができたのかの理由を見つけ出すことも、今後の研究を進めるうえに無駄ではないと思えるのです。

29

人間はよい法をもち,そのもとで
ペルソナが認められることが
いちばん幸せであり,
これが科学を生み出したという成果に
加えて西洋哲学の生んだ
最大の成果です

　以上で筆者流に西洋哲学を紹介してきたのですが,最後はハッピー・エンドに終ってしまいました。しかしこういう幕切れになったのも,ポルフィリオスの樹の存在を見つけだし,そういう具体的な図にもたれかかって話を進めたからです。とはいえギリシア時代につくられたポルフィリオスの樹だけではお粗末ですから,20世紀に見つかったハッセ図を動員させることにしました。そしてこの二図は232–33頁に掲載しましたから,ご覧ください。

　筆者も含めて日本人は西洋哲学がつくりだしてくれた成果を感謝をもって受け容れたいと思います。

第 2 部
傍流の西洋哲学

I

カントの哲学

　古代中世の哲学がポルフィリオスの樹で代表され，近世哲学がデカルトの哲学に代表されるとすれば，近代の哲学はカントの哲学で代表されるといってよいでしょう。近世哲学と近代哲学は大きく違っていますので，両者のエッセンスを抽出し，図45をつくります。

　乱暴なやり方ですが，これは事態を透明にするための手段ですので，我慢をしてくださるようお願いいたします。近代哲学の創始者といえるカントのことばを紹介いたします。「認識が対象に従うのではなく，逆に対象が認識に従うのだ」。これを彼はコペルニクス的転回と呼びました。しかしこれは単にコペルニクスという名を借用した比喩であり，その実質はただ認識という語と対象という語を入れ換えただけです。確かにこれは転回という名にぴったりの文章です。しかし形式的にはそうであっても，それだけでは意味内容がよくわからないので，それをわかりやすく体系化したものが図45

なのです。

　図45では括弧によってカントのことばがパラフレーズされているところだけで考えることにしましょう。二つのパラフレーズ文においては，左の文では私が従であり，ものが主です。右の文においては，ものが従であり，私が主です。ここから見て，左の文はものが主となるデカルト哲学の体系を示し，右の文は私が主となるカント哲学の体系を示しています。

　このようにしてデカルト哲学はものの二分類をおこない，カント哲学は私の二分類をおこなっていますが，二つの分類に厳格な相似性はありません。左方では感覚を欠き，右方は延長を欠きます。だからものと私の対立は「思考的なもの」と「ものを思考する私」の間において鮮明に表れています。

　デカルト方式の分類の利点は，これまでにさんざん強調してきました。つまり延長的なものというジャンルで解析幾何学が生まれたのです。他方思考的なものというジャンルでは，デカルトの時代ではまだ貧弱だった形式的論理学が20世紀になって完備されました。

　これに較べるとカントが大転換だと豪語した図45の私の体系は

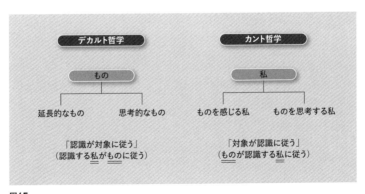

図45

たいしたものを生みませんでした。いやそれどころか鬼子を生んでしまうのです。だからカント哲学の体系はあらずもがなの哲学体系だといえるでしょう。

カントの哲学は前批判期と批判期の二つに分けられます。前批判期の作品のうち、1762年のアリストテレス論理学に関する論文と1763年の数学に関する論文はともに現代にも通用する優れたものです。カントが哲学者でありながらそういう二論文を書いたというのは、彼がまだ明らかに図45のデカルト哲学の枠組の中で仕事をしていたことの何よりの証拠です。

今述べた後のほうの論文は「マイナスという数を哲学に導入する試み」ですが、面白いのでここで紹介しましょう。彼の所論を表にすれば図46のようになります。

ヨーロッパの当時の哲学界では、論理学優位であり、数学はあまり利用されませんでした。しかし哲学には数学も利用する必要があったのですが、そうした数学的テクニックは論理学的テクニックと似ている点が多かったのです。だからそれまでは混乱が見られたのです。しかしカントはその二つは別ものだから区別して利用しなければならないと主張したのです。つまりカントは現在の記号を使えば$p \vee \bar{p} = F$と$a+(-a)=0$という二式の違いを的確に指摘したのです。

筆者は若いときにこの二つの論文を翻訳し出版したことがありま

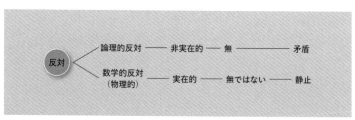

図46

す。この仕事を終えてカントの大著『純粋理性批判』(1781) を読むだけでも読んでやれと決心しました。当時の哲学科の学生で近代哲学をやる連中はみな授業でそれを読まされていました。しかし読み進んでいくうちに驚きました。筆者の訳した前批判期の二著とは文体やら内容が同一人と思えないほど違うのです。そしてこれこそがカント自身のいうコペルニクス転回だというべきだと実感しました。

　しかしこの『純粋理性批判』なるものを読み通してみますと，内容がなんとも奇妙なのです。筆者は専門に近世哲学をやっている友人にこの感想を述べますと，批判期哲学をけなし，前批判期の論文をもち上げるとはなんたることだと怒られました。しかし今になって考えてみると筆者のとらえ方のほうが正しかったと断言できます。だからヨーロッパ哲学を勉強するにはカントの『純粋理性批判』などを手間隙かけて読む必要はないとお奨めしたいのですが，そんなことをいうと無責任ですので，『純理批判』あるいは『第一批判』なるものの内容を簡単に紹介しておきます。

　図45に戻ります。カントは「私」ということばを使っておりません。そのかわり主観ということばを使っております。いずれにせよそうした語は認識の主体を意味します。そしてその主体は人間以外には考えられません。ですからカントの立場は人間主義であり，近代の潮流にうまく乗ります。

　次にカントはこの認識能力のうち，感覚の能力と思考能力の両方を大切にします。それには理由があります。カントは近代的な人間主義者であると同時に，近代的な科学主義者でもあるのです。彼はニュートン力学の信奉者でした。

　ところでニュートンの『プリンキピア』を読んでみるとわかるように，この本はもちろん物理学書です。だから一方では解析学という数学を使っています。しかし他方ではこの本はユークリッドの『ス

トイケイア』と同様に公理体系の方式を使っています。ちなみに『プリンキピア』ということばと『ストイケイア』とは同じ意味をもっています。つまりプリンキウムという語もストイケイオン（エレメントゥム）という語もともに命題という意味をもちます。ところがプリンキピアもストイケイア（エレメンタ）も複数形です。だからニュートンの『プリンキピア』は物理学の命題集であり，物理学の諸命題を公理化したものです。

他方『ストイケイア』のほうは幾何学の命題集であり，幾何学の諸命題を公理化したものです。もちろんこのことをカントはよく知っていました。そして感覚的作用を扱うには数学が必要だと考えました。ところで感覚的作用は空間と時間の中にある物体を対象とします。だから感覚作用において数学が必要であることは当然です。次に思考的作用のほうはもちろん論理学が必要です。カントは『第一批判』を書いてニュートン力学の哲学的基礎づけをしようとしました。だから『第一批判』が感覚能力と理性能力を武器として使うのは当然です。

そして実際，カントはその両方の武器を使っています。こういう二刀流論法は科学の哲学化をおこなうにはきわめて妥当な方法なのです。この二刀流論法は20世紀になって，論理的経験主義者あるいは論理的実証主義者によって正しく継承されました。そもそも科学者の諸活動は観察という行為と理論化という行為の両方がなければ成り立たないからです。

こうみるとカントによるニュートン力学の哲学への導入，あるいはニュートン力学の哲学による基礎づけの企図は正しかったといえます。しかしこうしたカントの哲学は20世紀になってから猛烈な批判にさらされます。というのは20世紀の物理学者たちは相対論と量子論をつくり，ニュートン力学を置き去りにしてしまったから

です。だとするとニュートン力学と連繋していたカントの哲学がお払い箱になるのは当然のことです。

　そもそもカントの使った数学的知識も論理学的知識も20世紀からみれば骨董品です。しかし骨董品だとしてもそれが適切に使われておればそれなりにきちんとした学問体系ができたはずですが，カントは数学や論理学の知識を哲学構成にさいしていとも不器用な仕方でしか使っていないのです。

　以上がカントの第一批判に対する現代的な視点からの論評です。しかし彼の取り組んだ相手がニュートン力学だとすれば，ニュートン力学は時代遅れとはなりましたが，ニュートン力学そのものは古典力学と名づけられ，現在でも私たちの日常生活で健在です。だからカント哲学の親方のニュートン力学は絶対に倒れません。だとするとカント哲学もその親方とともに倒れることもありません。

　ところがここでもう一つの問題が存在します。もしカントのいう理性がニュートンの理性と同質のものであり，カントの理性の活動範囲がニュートン力学のそれとほぼ一致しておればたいして目くじらを立てることもないのですが，カント哲学は一人の主人でなしに二人の主人をもっているのです。その一人はもちろん科学なのですが，もう一人は宗教つまりキリスト教なのです。つまりカントの理性のうち一つは理論理性あるいは科学理性であり，もう一つは実践理性あるいはキリスト教理性なのです。理性のうち理論理性は数学と論理学そしてさらに物理学とも相性がよろしい。しかし実践理性はそうではありません。

　実践理性とはpractical reasonのことですが，このpracticalという語はもとはアリストテレスが使ったことばでありギリシア語由来の語です。アリストテレスにおけるpracticeの意味はアリストテレスの存在論にもとづき，道徳排除主義および純行動主義の立場に限

定されます。そしてこれは科学主義の立場です。しかしギリシア哲学の中にキリスト教が侵入し，キリスト教の思想が哲学を支配するようになりますと，ギリシア哲学は大きな変質を迫られます。そしてその一つがモーレスからモラルへの変質です。しかもこのモラルは人類一般に適用できるモラルでなしに，キリスト教モラルなのです。だからアリストテレスの世俗行動という意味でのpracticeは，カントではキリスト教の道徳行為という意味に変質してしまっています。キリスト教以前に成立していた哲学の本流は，キリスト教的倫理・道徳はもちろん，キリスト教的な宗教概念などはお門違いとして門前払いをおこなうのが当然です。しかし敬虔なプロテスタント信者のカントは，哲学者でありながら，アリストテレスの本流哲学に立ち戻ることができなかったのです。カントは反キリスト教主義の哲学者にはなれなかったし，キリスト教敬遠の哲学者にもなれなかったのです。

　その結果カントは理性を科学理性に局限し，それ以外の理性は存在しないという立場をとることができず，理性には科学理性の他にキリスト教的理性あるいは宗教的理性があるという中世のカトリック哲学が確立した伝統から離脱できなかったのです。

　とはいえカントは近世人どころか近代人です。そしてプロテスタント信者です。だから哲学の中にキリスト教神学の場所を与えることはしませんでした。カントは哲学の範囲から宗教的要素を削りに削って最終的に「自由」，「不死」，「神」の三つを残しました。しかしキリスト教教義の色彩が見え見えのそうしたものに，キリスト教徒以外の人間が付き合う義理はありません。そしてキリスト教以前に確立された本流のギリシア哲学方式の哲学がそんなものを無視しても文句をいわれる筋合いはありません。

　特異な宗教であるキリスト教思想を捨てずにかかえたままという

原則に立つカント哲学は，その後のドイツ観念論の哲学者によって継承されてきました。有能な社会学者であるウェーバーさえもキリスト教を捨てきれませんでした。そしてこうしたキリスト教シンパの哲学は，世界中の人間の目から党派性をおびた哲学にすぎないと見られても仕方がないのです。だとすればそういう評価は仏教哲学だの儒教哲学だのといわれる哲学にも的確に当てはまるものといえるのです。

2

ヘーゲルの哲学

　これからヘーゲルの哲学の要点をお話しますが，筆者は反ヘーゲル主義者ですので，ヘーゲルの文章に寄り添って解説することはしません。ミイラ取りがミイラになるからです。

　ヘーゲル哲学の解説といいましても本当の目的はヘーゲル哲学の解体です。こうした作業のいちばん手っ取り早い方法は，そもそもヘーゲル哲学の核心となる精神というものがGeistというドイツ語ですから，このドイツ語からそれの含むドイツ民族に特有の特異性つまりドイツの土俗性やキリスト教の特異性を，剥ぎ取って裸にすることです。そのためには精神という概念をドイツ語から英語やフランス語に移し替えればよいのです。よくいわれますように，ヘーゲルはドイツ語で読むより英訳やフランス語訳で読むほうがよほどわかりやすいのです。

　これからヘーゲルの大切にする精神というものを，英語に置き換

えてみます。①建学の精神。founding principles. 建学の精神は，数箇条の文章にしてみれば，精神のもつ曖昧さは除かれます。②時代精神。mood of the times. ムード（風潮）ということばを使えば，堅苦しさは消えてしまいます。③精神修養。moral culture. 道徳的な修養といったほうが身近に感じられます。④愛国精神。patriotic spirit. spiritには堅い意味もありますが，チーム・スピリットという場合はうんと砕けてきます。⑤民族精神。これは民族のエートス（気風）としたほうがよいでしょう。⑥精神労働。brain work（頭脳労働）。

⑥になって，やっと精神つまりGeistというものは跡形もなく姿を消しました。これは古い姿のポルフィリオスの樹から，非物体的実体を伐り落としたことに対応します。伐り取られた姿のポルフィリオスの樹では，精神は物体，そして人体の中にしか自分の居場所が見つからず，結局その場所は心臓でもなく肚でもなく脳だということになり，しかも脳そのものでなしに脳の機能だということで落ち着くのです。

ドイツ観念論者の始まりとされるカントは『純粋理性批判』を書きましたが，そこでは理性の機能が論じられています。そしてカントは理性の機能の成果がニュートン力学であることもよく認識していました。しかしそうしたカントは理性が大脳の働きであることには関心を示しませんでした。カントの哲学書で理性が詳しく論じられていることを読んで感激した当時のある大脳解剖学者が自分の書いた論文をカントに贈呈しています。しかしカントはそれに何の興味ももたず捨て置いたままでした。ドイツ観念論の真骨頂をうかがわせるエピソードとして紹介しておきます。

ドイツ人の大切にするGeistというものに対して，単語のレベルでいろいろの貶下工作をやってみましたが，そんなことでは怪物

Geistはびくともしません。少なくともドイツ語圏の人々にはたいしてはこたえません。そして日本人も第二次大戦中は国民精神総動員運動に参加した実績もあります。とはいえこの怪物である精神とは何ものでしょうか。本書の初めに図1（21頁）としてお見せしたポルフィリオスの樹には，実体が物体的実体と非物体的実体に二分されています。この二つのうち，いちばんわかりやすいものは物体です。物体は賢明なギリシア人によって幾何学的立体として把握されました。そしてこの立体は面，線，点にまで分解され，そこからユークリッド幾何学がつくられたのです。また物体をギリシア人はひとまず常識的に固体ととらえました。固体を手でつかむと確かな手ごたえがあります。だからギリシア人は，持っても手ごたえのあり，信用できる固体に焦点を絞りました。そして原子論的自然学をつくりだしました。原子は目では見えないけれど無ではなく，微小ながらもしっかりした抵抗感を与えるものであり，原子同士も互いにぶつかり合うと推測したのです。

今度は非物体的実体のほうです。物体のほうは明確になったのですが，物体ではないもの，物体性をもたないものとはいったい何かということになります。とりあえず，気体だ，流体だということになりますが，この両方ともアトムに還元されてしまいますからだめです。だから実にさまざまな候補が提案されました。

これはキリスト教化されたヨーロッパ中世の話ですが，非物体的なものの場所の穴埋めとしてspiritus（霊）というものが提案されました。キリスト教は霊肉二分論の立場をとります。すると肉のほうは物体に属し，霊は非物体に属します。人間は霊肉を二つながらもっていて，霊と肉の闘争で苦しみます。しかし一かけらの肉をももたず霊だけという存在もあるはずです。そしてそれが天使だったのです。カトリック教徒は神の存在を信じることはもちろんですが，

この天使の存在をも信じることが求められます。

しかし天使の存在は，それを信じるカトリック教徒の中では非物体的なもののすばらしい実例ですが，カトリックでない人間には，そんなものの存在は納得できません。しかし穴埋めはしないと心が納まりません。だからそれぞれ勝手に候補者を仕立て上げて穴埋めにはげみました。しかしそのうちたいていのものは弱小候補であり，無視されても仕方のないしろものでした。だから当然のことながら，いっそ非物体的なものという枠組を廃棄しようという動きが出てきます。この枠を捨てれば，その副産物として実体というわけのわからないものもお払い箱に入ってずいぶん気持がすっきりします。そしてこういう運動は成功しました。そしてそれが図4(33頁)です。このようにしていったんこの枠組を採用しますと，ここから博物学からはじめて，諸科学が生み出されました。

ところがポルフィリオスの樹の原初形態にしがみつく保守的な人々もいました。そして彼らの取るべき防御策は，非物体的な領域に強力なメンバーを送り込むことです。キリスト教がそれをやったのですが，キリスト教が考えた普遍性つまりcatholicity(universality)が否定されたので，その試みは失敗に終りました。そこで最後の切札をもちだし，キリスト教をしのぐ思考体系をつくろうとし，一応の成功を収めたのがヘーゲルだったのです。

ここでヘーゲルがもち出したのは，GeistはGeistでも，霊というGeistではなく精神としてのGeistだったのであり，これこそは非物体的陣営に登場した最後の大物であり，怪物中の怪物だったのです。

以上でヘーゲルにおける精神の重要性がわかったと思います。ですから今度はヘーゲルの精神というもののもつ構造を分析していきます。図47はヘーゲルの提出した精神の構造です。

まず個々人の精神と集団精神の二つが並列されます。人によれば個人の精神は存在するが集団精神などといったいやらしいものは認めないといいます。またその逆に集団の精神だけが存在するのであって，個々人の精神などないといいます。

　しかしヘーゲルは対立する二つの立場の両方を認めるという大人の立場をとります。しかしそれだけでなしに両種の精神の上に絶対精神というものをも認めます。すでに個人の精神と集団精神という二つの相対的精神を認めたのですが，そのうえ絶対精神をも認めます。つまり相対性だけしか認めないという人々の立場を退けます。こうしてヘーゲルは精神の問題に関する限り，すべての立場を認めます。これは大局的な立場に立ったといえますし，いろいろな主張をする人をすべて満足させたといえます。哲学者としてはともかく，政治家としてはなかなかの手腕です。しかし今は政治的手腕やレトリックの問題を問うているのではありません。論理的手腕を問題にしているのです。

　図48を使いながら説明していきます。

　図47は三つの概念あるいは三つの項から成り立っています。そして図47を見ると論理学者はまず本能的にそれを図48ⓐの構造で把握します。ⓐは精神には三つの種類があるとみて精神を三つに分割したものです。論理学では二分割が普通ですが，三分割でもかまいません。カントも三分割を好みました。しかし三分割の場合はⓐをⓑに書き替えねばなりません。そうするとOKです。

　ⓐ，ⓑは三つの項を横並びにしたものですが，図48ⓒは横並びではありません。三角形になっています。そしてこのことを考慮すると図47は図48ⓒとなります。この図はEG∪ $\overline{E}$ G＝Gを意味します。これはクラス論理学における立派な式です。ⓒにおけるGは絶対精神ですから相対的精神のEGと $\overline{E}$ GからEと $\overline{E}$ を除いたものです。

この©は論理学では正・反・合という名で呼ばれます。正反合は弁証法に特有の用語と思われていますが，違います。$EG \cup \overline{EG} = G$ は正確に正反合を意味します。

　以上で図47のヘーゲル的精神の構造が論理学で処理できたと思いがちですが，違います。そこで処理をおこなった論理は論理的構造つまり理性的構造です。ところがこの理性というものは旧式のポルフィリオスの樹のうちの物体側に属します。しかし図47はGeistですから非物体側に属します。ですからそうしたGeistに理性的な論理を適用できるわけがありません。論理学者が自分流儀で分析しても，それを精神派が喜ぶはずがありません。拒否します。拒否しただけでなく自分流の構造を編みだし，それを使います。そしてそれが図49なのです。

　図49の@〜@はすべて図47の構造を明確にしたものです。@は

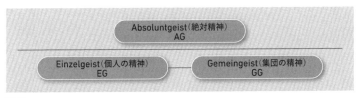

図47

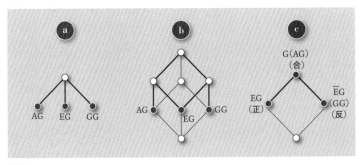

図48

2——ヘーゲルの哲学　　　　　　　　　　　　　　　　　　207

図47を最も直接的に表現したものです。ⓐは一見したところ図48のⓒの正反合のように思えます。しかしまったく違います。図49のⓐは図48のⓒとは異なります。図49ⓐのEGとGGは正と反といった対立関係にはありません。ⓐでの矢印は変容を意味します。個人の精神と集団の精神は確かに対立しています。しかし前者は後者へと変容をとげるのです。

これに反し図48ⓒの正と反は互いに矛盾対立をどこまでも把持し，知らぬまに他のものへと姿を変えることはありません。そうしたことは論理学ではタブーつまり禁止事項なのです。さあこれで図49の構造がのっけから図48と異なる別構造であることがわかりました。図48では項から項へと変化することなどとんでもないことですのに，図49では大歓迎です。そしてこれが図48の形式論理学のシステムと図49のヘーゲル弁証法を分かつ特徴なのです。

とはいえヘーゲルは形式論理学のタブーを蹴飛ばし，なぜそんな大胆なことを主張したのでしょうか。それはやはりヘーゲルには先駆者がいたからです。そしてそれがゲーテです。ゲーテは植物のメタモルフォーゼの研究をおこなっています。しかしメタモルフォー

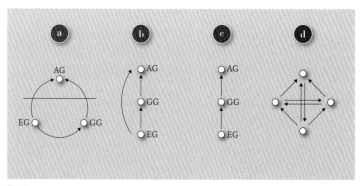

図49

ゼについてはローマのオウィディウスが『転身物語』を書き，少女ダフネが月桂樹に変容する話をしています。

　仏教では輪廻が信じられており，人間が鬼になったり畜生になったりします。しかし今問題にしているのはそんな荒唐無稽な話ではありません。変容といえばアリストテレスが，どんぐりの種子から樫の大木までの変容を彼の哲学のモデルとして利用しています。そしてヘーゲルは蝶が卵から，青虫，さなぎ，成虫へとおこなう変態をモデルにして個人の精神から共同体の精神への移行を考えていたのでしょう。ちなみにギリシア語のpsycheは魂という意味ですが，蝶という意味もあります。これは魂が肉体から離脱することと，蝶の成虫がさなぎから出てくるのを同一視したからです。だとすれば蝶や魂の同類として精神もそのような変容をおこなってもさして不自然とは思えないでしょう。

　以上で図49ⓐのEGからGGへの移転のいきさつを説明しました。当時の生物学のレベルではそれで人々をなんとか説得できたことでしょう。しかしヘーゲルは哲学者ですから欲張りです。絶対精神なるものを堂々とかつぎ出しました。しかしEGからGGへの変容はEG→AGとGG→AGの変容とは性質が異なります。相対の世界から絶対の世界への超越はそれほど容易ではないはずです。しかしヘーゲルはそれも変容の一種として処理します。その結果，ⓐの横線は取り払われてⓑのような構造を導き出します。しかしⓑはⓒに書き換えられることができます。するとⓒでは絶対精神というものをゴールに置いた単なる直線コースに変ってしまいます。しかしEGとGGをAGへと向かわせるインセンティブは絶対精神の絶対的魅力なのです。

　このように図49ⓐは論理学とはまったく異なる内容であり，ⓒも論理学とはまったく異なる内容をもちます。そしてⓒとは発展の

構造です。こうしてヘーゲル哲学の手法である弁証法なるものの正体がだいぶ明らかになってきました。

　このように弁証法の公式がきまってくると，それをいろいろの問題に対し応用することができます。練習問題を一つやってみましょう。それはヘーゲルの歴史観のことです。彼は精神のいちばんの本質は自由だといいます。もちろんこれはフランス革命の自由思想に影響されたものです。そのうえヘーゲルは世界史とは自由の進歩であると断言します。これは図49ⓒの公式の適用です。東洋では一人だけが自由であり，ギリシア・ローマ時代では若干の人間が自由であり，ゲルマン世界ではすべての人間が自由であるというしだいです。これはあたかも蝶が卵からさなぎに，さなぎから成虫へという自然的で必然的な進展とたいして変わりがありません。しかしこれは21世紀に入っても達成されていないのですが，図49の公式ⓒではそうなってもらわないと困るのです。

　次に図49のⓓに移ります。これは循環運動の図です。しかしこれは形式論理の忌み嫌うものです。形式論理学は循環論法を嫌います。論理的推論は一方向性に限られているのです。しかし弁証法はそんなことは意に介しません。循環こそ弁証法の腕の見せどころです。そして循環を喜ぶのはヘーゲル学派だけではありません。そこで図49ⓓのタイプの構造の使用例を図50で列挙します。

　ⓐはヘーゲルの精神についてだけでなく，他の主要概念にも使用される枠組です。この構造は「二重否定の法則」つまり「否定の否定は肯定の法則（$N \cdot N = e$）」の式と似ています。この式自体は群論の式ですし，論理学でも使われます。しかし図50の場合はそれほど厳密なものではありません。ⓐのもとになったのは新プラトン派のプロクロスがつくった①原初状態→②発進→③方向転換→④原初状態への回帰，という図式です。これはもちろん厳格な形式ではあり

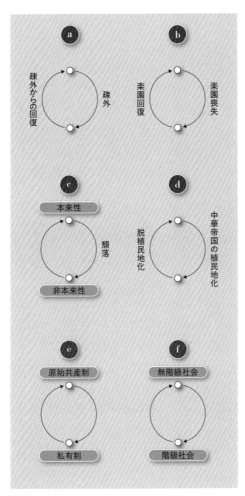

図50

ません。単に$a \cdot a^{-1} = e$という群論の式を連想させるものにすぎません。

　図50の@の枠組ほど人類を魅きつけたものは少ないでしょう。この枠組に較べれば論理学の公式などはあらずもがなというほどの人気です。@の枠組をヘーゲルは哲学者という職業を意識して，精神というものの疎外（外化）と疎外（外化）からの回復だというにとどめましたが，それはすぐに人間性の疎外とそうした疎外からの回復というふうに一般化されます。つまりヒューマニズム一般に援用されます。ヘーゲル主義は倒され，マルクス主義が倒されても，@の図式そして@〜fの図式は倒れません。生き残ります。しかしこの図式には論理的にも数学的にも裏づけがありません。ただし多くの人々を魅きつけ，さらには人々を救済する魔力をもっていることは確かです。

　図50ⓑはキリスト教の救済の秘策です。日本の切支丹たちは「はらいそ（paradise）へ行きたや」と念じたのですが，これは日本民衆がお浄土へ行きたやと念じたのと変わりありません。

　図50ⓒはハイデッガーの前期哲学のミソです。前期ハイデッガーは実存主義者です。実存（Existenz）は存在（Sein）とは違います。実存は人間的存在のことです。そうした人間的存在つまり人間には人間に固有の本来的な姿があります。しかしこうした本来性は多くの場合，失われます。こうした人間性喪失を通常堕落といいますが，ハイデッガーはそうした道徳的なことばを避けて頽落という語を使います。ところが人間は頽落したままではいけません。改心しなければいけませんが，それをハイデッガーは本来性の回復といいます。

　前期ハイデッガーでは本来性のなんたるかがよくわかりませんが，後期ハイデッガーは実存（人間存在）から存在への立場に移ります。つまりギリシア以来の存在論という正道に戻ります。すると回帰す

る場所，つまり故郷というものは自分の生まれ育ったドイツの大地だということになります。

　いずれにせよ回帰は©の図式に従う限り保証されています。だとすればキリスト教など不要です。実際ハイデッガーは若いときにキリスト教神学からは絶縁しています。ハイデッガーは一時ナチ党に傾き，敗戦後，戦争責任を問われました。しかしそんなことはなんのその，戦後のドイツ民衆はハイデッガーの哲学を熱烈に歓迎しました。しかしそうしたことの秘密は，ハイデッガーが©の構造に依拠していることにあります。

　ⓓは21世紀の話です。中国共産党といえどもマルクス主義もさることながら，ⓓのほうがより強く中国民衆を魅きつけると考えてのことでしょう。

　図50のⓔ〜ⓕはマルクス主義者によるプロクロス・ヘーゲル図式の借用です。実証的歴史学者ならためらってしまう奇妙な思想も，ヘーゲル弁証法の権威でつい認めたくなり，しかも受け容れることが救済にもつながるものとして，いまだに信奉者を獲得しているのです。

3

マルクスの思考法

　ヘーゲルの思考法の中にマルクス主義をも参加させましたが，改めてマルクス主義とは何かを正面からとり上げてみます。筆者としてはこの作業はあまり気が進まないのですが，21世紀になってもまだマルクス主義の信奉者がゼロではなく，そうした人たちが大きな影響力を行使しているからやむをえません。しかしせっかくヘーゲル主義の話をしてきたのですから，その努力を生かす意味もあって，マルクス主義をヘーゲル主義と連関させながらお話いたします。

　図51をつくりました。

　これは図50①をそのまま流用しました。ただし若干の補足を加えました。その補足部分は階級社会の内訳です。階級社会という概念も，その内訳もマルクスの創案であり，ヘーゲルには階級の考えはなく，歴史とは自由を享受する人間の数の増大であると記述されています。しかしマルクスの歴史理論の場合，三つの階級の移行は

ヘーゲルほどスムーズにはいきません。実際，封建制から資本制への移行は，流血のフランス大革命というものが必要でした。そしてこれは疑うことのできない歴史的事実です。

　しかしマルクスは資本制の出現がめでたいなどとは思いません。マルクスは図51の枠組を遵守していますから，三つの階級制の段階もつぎつぎと悪化の道をたどっています。ですから資本制は，史上最悪の時代となります。人類は落ちるところまで落ちたのです。

　しかし絶望するには及びません。起死回生の道があるのです。それが最悪の階級社会から無階級社会への乾坤一擲の大逆転劇なのです。そしてこれがプロレタリアートの革命です。しかしそうした筋立ては，図51の枠組を信じるからこそ可能なのです。封建制から資本制への移行は，確かに革命によって可能でした。だから最後の階級制から無階級制への革命も，図51の枠組から見れば可能とは思えますが，そうした革命が寝ころんでいる間に実現するとは思えません。フランス大革命やパリ・コミューンに使われた暴力の数百倍の暴力でないと達成できないのです。そしてそれには暴力というよりは立派な軍事力といわれるものが必要です。実際，ロシア革命も

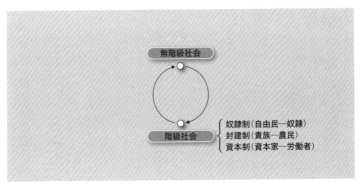

図51

毛沢東の革命もそのとおりとなりました。

　とはいえ，そうした革命は無理な行動だったのです。しかし無理でもなんでも，目的は無階級社会の実現です。犠牲などかまっておられません。地上の楽園をつくることは，天国の楽園をつくることとはわけが違います。そうした逆転劇の担い手になる者は労働者です。労働というものが大切なものであることは，近世の経済学者も早くから認識していました。確かに労働は経済学では生産を実現するための一つの要素です。

　しかしマルクスは労働というものを特別視しました。ヘーゲルは精神を大事にしましたが，マルクスは労働を至上の位置につけました。だとすると労働をおこなう労働者は至尊の存在です。ところが資本制のもとでは，そうした労働者は資本家によって奴隷のように扱われ，せっかく労働者のつくり出した価値を資本家はかすめとっているというのです。こうした搾取の構造をあばく目的でマルクスは『資本論』を書きました。それはもっぱら図51で示された労働者の救済劇を実現させようと考えたからです。ですから『資本論』はふつうの経済学の書物ではありません。『資本論』は図50で示された人類救済の宗教といってよい壮大な計画のうちの一部と考えて間違いありません。

　しかしマルクス主義の宗教と違うところは，マルクスが暴力をおおっぴらに容認したことです。もともとマルクスの計画は緻密性を欠いていました。それは科学的・工学的な計画でなしに，黙示録的な計画でした。しかし杜撰な計画でも見切り発車で，しかも暴力を投入すれば，曲がりなりにも実行できないことはありません。そして実際，そうした革命は実行されたのです。しかしその実行はマルクスの存命中ではありませんでした。

　以上でマルクス主義の概略をお話しました。そこで改めてこの主

義の西洋哲学全体の中での位置づけを試みます。図52をつくりました。

"＜"のマークは哲学理論としての学問的能力の大小を意味します。

ポルフィリオスの樹の原初的形態を使いますと，図52の右端の「物体」は「物体的なもの」に相当し，左端の「精神」は「非物体的なもの」に相当します。そしてこの二つを較べれば，前者のほうが内容が充実しており，学問的能力も大きいことは，これまで何度も主張してきたとおりです。しかしそうした二者の間にニューフェイスが登場してきました。そしてそのキーワードが物質です。

ところで精神対物質つまり Geist vs Materie の対立は古くからありました。初めのうちは精神が高貴であり，物質は卑賤であるというのが，一般的評価でした。しかし科学が発達するにつれて評価が変わり，両者の位置が逆転します。そしてこうした逆転をおこない物質の絶対的な優位性を打ち立てた哲学者たちは materialist つまり唯物論者と呼ばれました。そしてマルクスをはじめすべてのマルクス主義者はこの立場に立ちます。

ですから彼らは当然ヘーゲルの精神の哲学と敵対関係に入ります。ところがこの敵対関係は不十分なのです。なぜならマルクスはヘーゲル哲学のうちの精神を蹴飛ばしましたが，弁証法は頂戴したからです。だから弁証法については進歩はないものの，精神から物質へ

図52

乗り換えたことだけはプラスに働きました。そのことによって科学に少しだけでも近づくこととなったからです。

しかしこれは期待はずれでした。マルクスは思いきって物体主義に宗旨変えをすればよかったのですが，そこまでは行かず，物体でなく物質を採用しただけだったのです。しかしこの物質つまりMaterieなるものはギリシア哲学のhyle（質料）からきたものであり，この質料なるものはもちろん質量（mass）とは違い，正体不明の形而上学的なしろものなのです。

こうしてマルクスは唯物論の立場には立ったものの，彼のいう物質というものは古くさい質料と同じしろものであり，その形而上学的な性格からいえば，ヘーゲルのいう精神と同じ仲間であり，その不分明性は精神と五十歩百歩といわれても仕方がないのです。それゆえ，この二つを図52では一括りにして同じ枠内に入れたのです。

次に図53を提示しますが，これは論理学と科学という二つのキーワードを使ったもので，ヨーロッパ哲学にはカプセルに囲まれた二つの流れがあることを明示しようとするためです。

図53でわざと疑似という語を使用しました。ドイツ語をもちだして恐縮ですが，1816年にヘーゲルは*Wissenschaft der Logik*という本を書いております。しかしこれを『論理学の科学』と訳するとまずいのです。この書物を読んでみますと，現代の論理学の教科書

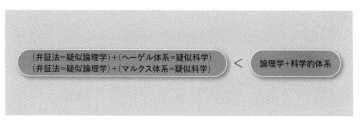

（弁証法＝疑似論理学）＋（ヘーゲル体系＝疑似科学）
（弁証法＝疑似論理学）＋（マルクス体系＝疑似科学）　＜　論理学＋科学的体系

図53

とは似ても似つかぬ内容なので驚きます。そこでは論理学と銘打たれていますが，実はヘーゲル式の弁証法にすぎません。この書物はきちんと体系づけられており，だから科学と名づけられていますが，現代科学の教科書のような体裁をとってはいません。

　次にマルクスの『資本論』もヘーゲルの著作と体裁が実によく似ていますが，通常の経済学の教科書とは勝手が違います。現在では論理学の教科書も科学の教科書も統一された標準形が用いられているのに較べると，ヘーゲルの著書もマルクスの著書も，あまりにも異様です。ところがヘーゲルは自分の弁証法を堂々と論理学と呼び，それの異様な体系化を堂々と科学と呼んでいます。しかしそれは今となっては遠慮して引っ込めてもらいたい名称であり，どうしても引っ込められないとなれば，疑似という名をつけて区別するしかないのです。同じことはマルクス主義についてもいえます。マルクス主義者は堂々と科学的社会主義ということばを使いますが，これは他方においては本当の意味の科学的方法による社会科学がつくられているのですから，マルクス派はやはり科学的という名称を遠慮したほうがよいのです。

　このようにして論理学にも二通りの使い方があり，科学にも二通りの使い方があることがわかりました。そこでそうした混乱をなくすため，ヘーゲルの場合は時すでに遅いので放置するとして，一方はDiamat（Dialektischer Materialismus；弁証法的唯物論）と呼び，他方はLogical Positivism（論理実証主義）と呼ぶようになりました。Diamatは自称であり，他者によってからかって呼ばれたものではありません。Diamatはヨーロッパの哲学としては新参者ですが，自らの市民権を獲得するために自分でつけた名称なのです。

　図53の二つの陣営が，一方は弁証法的唯物論を名乗り，もう一方は論理実証主義を名乗ったとすれば，両者の比較は簡単になりま

す。つまりそれは弁証法と近代論理学の激突であり，さらに唯物論と実証主義の激突です。学問の世界でもやはり二つの世界が出現したのです。しかし勝負はどうかとなれば，それはやはり適者生存の原理に従うより仕方がないでしょう。弁証法と論理学とでは論理学の長足の発展で，論理学の勝利は決定的です。

　もう一つの戦いはどうでしょうか。19世紀のイギリスにおいて，マルクスは『資本論』を書きました。他方ダーウィンも進化論の本を書きました。マルクスはいち早く進化論の本を読み，それを評価し，尊敬の意味かどうかはわかりませんが，自著をダーウィンに贈呈しました。しかしダーウィンは何の反応も示しませんでした。おそらくダーウィンは『資本論』を読んだとしても，意味がさっぱりわからなかったのでしょう。そして実際『資本論』はA. スミスやJ. S. ミルの経済学書と違って特異であり難解なものなのです。

　しかしそうしたエピソードはさておき，ダーウィンの『種の起源』とその向こうを張るマルクスの『資本論』のその後の運命はどうだったでしょうか。

　ダーウィンの進化論は一部のキリスト教徒の反対は別として，現在では生物学の世界ではゆるぎのない地位を確立しています。それはさらに生物学の範囲を越え，進化社会学としても科学の地位を与えられつつあります。

　これに対しDiamatのほうはどうでしょうか。唯物弁証法という哲学そのものもそうですが，マルクス経済学に対しては，その理論立ても不十分なら実証性にも欠如しているがゆえに現在はもはや忘れ去られた存在になったといえるでしょう。

　ソ連崩壊とともにロシア人も，そして東ドイツのマルクス主義者も，自分の奉じていたマルクス主義を放擲しました。

　筆者は東ドイツがなくなってしばらくしてから東ベルリンのフン

ボルト大学で教鞭をとったことがあります。大学の正面のホールにはマルクスの銘文が残されたままであり，東ベルリンの公園にはマルクスとエンゲルスの巨大な像が残されていました。もちろんドイツ人はそんなものには誰一人見向きもしません。しかしひっきりなしに遠い中国からきた団体が二人の像を背景に集合写真をとっていました。

　フンボルト大学に戻ります。大学のキャンパスではマルクス・レーニン主義の原典や注解書が山積みにして売られていました。しかしそんなものを誰が買うのでしょうか。安く買ってストーブにくべるのでしょうか。ところが一人だけ奇特な人物に出会いました。それは筆者が属していた研究所の助手です。彼は生粋の東ドイツの人間ですからマルクス主義の教育を受けて育ちました。しかし彼は一人前になってもマルクス・エンゲルスの本を図書館にある本は別として，自分のものとして熟読することができなかったのです。しかしベルリンの壁が崩壊してマルクスの全集が安く買えるようになったので，初めて彼はそれを手に入れて，改めてマルクスを読みはじめているというのです。彼がその後どうなったかは連絡がつかなくて今でも気になっているところです。

　もう一つだけエピソードを加えます。ソ連の共産主義は崩壊しましたが，毛沢東の始めた中国の共産主義国家はかつてのソ連邦をしのぐ隆盛ぶりをみせ，アメリカ資本主義に挑みかかっています。これは何としたことでしょうか。

　中国にも世界的な物理学者がいました。1936年生まれの方励之もその一人です。彼は共産革命後の中国科学技術大学の副学長になりました。しかしそこでの学生の民主化運動を応援し，共産党から除名されました。民主化運動に加担したことに対しさらに厳しく責任を問われることを予測し，天安門事件の惨事の直後に夫妻で米大

使館に逃げ込み，米国に亡命したのです。方氏は共産党政権下での民主化運動をおこなったのですが，彼は共産主義そのものに疑念を抱いたに違いありません。というのも彼は中国にいた時期から，著書で「弁証法的唯物論」などは何の意味ももたないとはっきり批判しているからです。そして現役の物理学者がDiamatごときものを認めることができないのは当然のことなのです。だから方氏はそんな国で物理学を続けることは不可能だということに早くから気づいていたのでしょう。

4

レーニン, スターリンの思考法

　以上で西洋哲学史におけるカント，ヘーゲル，マルクスの流れを見てきました。この流れは公平にみて西洋哲学の傍流です。私たちが西洋哲学を学ぶ場合，物好きな人は別として，やはり本流のほうを優先させるべきです。そして本流が健全な哲学であることは，この哲学が233頁に掲載したハッセ図をバックにして成り立っていることから納得していただけることと思います。そしてこのハッセ図が西洋哲学の正統派のシンボルであり，これはさらに単なるシンボルやイコン（画像）でなしに正確無比な図解きなのです。

　本書は第2部として西洋哲学の傍流に対しても図解きをいくつか提示しました。しかしこちらのほうは，どれもハッセ図に較べれば著しく見劣りするものであることは明瞭です。実際，これらの傍流哲学はハッセ図に対抗できる信頼するに足る図像をもちえていないのです。しかし本流との対抗上，いくつかの図解きをもち出しまし

たが，それらを総括した図を最後に提出したいと思います。そして
それが図54です。

　この図の@は図50の@をそのまま流用したものです。しかしマ
ルクス主義はもちろん図54の@ではなしに⑥です。マルクスのめ
ざした共産制は過去でなしに未来です。しかしこの共産制のイメー
ジはあまりはっきりしません。もちろんマルクスは構造まではっき
り示したわけではありません。

　そうこうしているうちにレーニンが第一次世界大戦のどさくさに
まぎれて暴力しかも赤軍と呼ばれる軍隊を組織して共産主義革命を
成功させました。この成功は膨大な暴力によって初めて達成された
ことは銘記する必要があります。暴力がなければレーニンの革命は
達成できなかったのです。それはとにかくとして，レーニンが共産
主義革命を実現したことは確かです。しかし蓋を開けてみると，そ

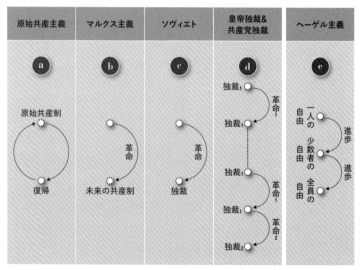

図54

れは©の形をとっています。マルクスの夢が実現され，共産制という「地上の楽園」が出現したと思えば大間違いです。結果は世にも恐ろしい独裁制が出現したのです。この独裁も革命後の混乱を鎮めるものだぐらいに見過ごされていたのですが，案に相違してスターリン時代になって独裁制は苛酷きわまるしろものとなり，大量の処刑者をつくり出したのです。これを見て欧米勢力は黙っておれなくなって，挙って批判の声をあげます。そしてその結果，冷戦に突入しました。しかしこの冷戦は幸いにして熱戦に至りませんでした。ソ連の独裁体制が自己崩壊を起こし消滅したのです。そしてこれは共産主義を名乗る独裁体制そのものが構造的に致命的な欠陥をもっていたことを意味します。

　ソ連の自滅を見て西側は大いに喜びました。共産主義は死滅し，もはや戦争は起こるまいと考えたのです。しかしこれはヨーロッパ人の実感だったかも知れませんが，アジアにいる日本人は喜んではいられませんでした。気がつけば世界とりわけアジアの状勢は，図54の⑥のようになっていたからです。第二次世界大戦が終ってから，中国における戦後の混乱の中で共産主義革命が成功したのです。もちろん指導者は毛沢東ですが，彼は「革命は銃口によって実現される」というレーニン以来の暴力第一主義を採用しました。そしてその後のケースは，まったくソ連と一緒で，革命後の中国は地上の楽園でなく中国共産党による一党独裁国家となり，この独裁制は日を追って強固となりつつあるのです。しかしここまでは図54©のパターンどおりですから不思議ではありません。

　しかし⑥は中国ならではの奇妙なパターンです。このパターンは興味津々のテーマでして，論じたいことは山ほどあるのですが，いまは革命という一語についてだけコメントしておきます。革命とは英語のrevolutionの訳です。英語のrevolutionにはいろいろの意味

がありますが，一般にはフランス革命というときの革命というふうにとらえられています。これは王政を武力で倒すという意味ですが，revolutionにはなお回転という意味があります。回転には一回転ということもありますが，半回転ということもあります。そしてフランス革命のrevolutionは半回転というほうの意味です。つまり回帰という意味です。実際，王と貴族とカトリックの僧侶が一体となって民衆を苦しめている状態は間違った状態であり，こんな馬鹿げた状態以前にもっとまともな幸せな状態があり，ぜひともそこへ帰っていきたいという考えが革命を起こした人々の気持にはあったはずです。そしてそこはどんなところかと考えれば，カトリックの僧もいないし，王も貴族もいない古代ローマの共和制の時代のことが思い出されます。だからそこへ回帰すればよいというわけです。この思考法は図50の図式と同じなのです。ここでは復古する先は王政とは正反対のローマ共和制だったのであり，それを具象化したのが古代ローマの大理石の柱が林立する殿堂だったのです。ところがフランス革命当時のフランスには王の宮殿はありましたが，古代ローマ風の大理石の殿堂はなかったのです。しかしそうした殿堂は当時のイタリアには本物が廃墟の形で残っていました。さらにそれを復元した形をもつ堂々とした建築つまりルネサンスふうの建築があったのです。そこでフランス革命を成功させた人々は，イタリアの大理石の殿堂をまねた建物をパリにも建てはじめたのです。

　ところでこうした大理石の列柱を使う石造の建物は，明治以後の日本でも盛んにつくられました。しかしこの手の石造建物は，ほとんどが銀行の建物なのです。桂離宮を絶賛したブルーノ・タウトは，日本ではローマの神殿の中に黄金の神が住まっていると皮肉りました。しかしこれは日本人が悪いのではありません。今でもアメリカの田舎の銀行には木造ではありますが列柱をかたどった古代ローマ

ふうの神殿あるいは殿堂づくりのものが残っています。

　アメリカもイギリスから独立して共和国になったのであり，その点では革命後のフランスと一致しているのです。アメリカの議事堂なども古代の共和制時代のローマの建築様式を思わせますが，たまたま田舎の銀行もその風潮に乗っかったのにすぎないのです。しかし明治の初めにアメリカを視察した日本人がアメリカの銀行制度を取り入れたのですが，そのとき古代ローマの建築様式をも銀行のシンボルとしてとり込んだものと思われます。

　このようにフランス革命のrevolutionは復古という形での共和制への半回転だったのですし，共産主義革命も図54ⓐのように，あこがれの共産制への復古だったはずです。しかし原始共産制はエンゲルスが必死に探しましたが，共和制のローマのような立派なものは見つかりませんでした。そしてマルクスも図54ⓑで彼なりに未来の共産主義社会の姿を告白はしましたが，それは宗教に近い茫漠としたものでした。しかし事態は思いもかけない方向に進みました。そしてそれがレーニンとスターリンの独裁国家の出現です。これはこの世の地獄でした。マルクス流の共産制をユートピア（理想郷）だとすれば，スターリンの独裁制はディストピア（反ユートピア。この世の地獄）としかいいようがないものだったのです。

　しかしソヴィエト体制は自壊しました。ソヴィエトに苦しめられたヨーロッパ人は，そのとき心から安堵したと思います。それほど嬉しいことはないのですから。しかしアジアでは状態がまったく違います。図54のⓓで示したようにⓒがそっくりそのままの形で健在です。しかもそこに奇妙な現象が現れました。ヨーロッパ伝来のrevolutionと中国古来の「革命」の不思議なドッキングです。漢字圏では革命という語を中国古典にあらわれる意味で使いますし，revolutionの訳語としても使います。そこで両者を区別するために

図54@では革命₁と革命₂といふうに書き分けました。

革命₁は「天命が革（あらた）まる」という意味です。天子に徳がないと天子の資格を奪われ，その王朝は革められ，新しい王朝が立てられ新たにその王朝の天子が出現します。革命₁は天命が革まることだという奇麗な表現が使われますが，実際は前王朝は武力によって倒されたのであり，その場合，王はもちろん一族はすべて殺されます。豊臣一族が断絶したのと同じです。

もう一度図54@を見てください。革命₁は革命の成立後必ず新しい独裁者が現れます。ところが革命₂もその成功後独裁者が現れます。だから革命₁と革命₂は瓜二つといえます。そして「革命₁から独裁₁」と「革命₂から独裁₂」は同じ法則とまではいえませんが，経験則としてはそういえそうです。実際実例はいくつも見つかるのですから。

ここまできて図54の@とⓔを較べましょう。@の独裁₁つまり秦帝国の独裁制から漢帝国の独裁制，そして人民共和国の独裁制も，その内容は実質的にはⓔの一人の自由と同じです。ところがそこから先は@とⓔでは大違いです。@ではいつまでたっても独裁制のままです。しかしⓔでは一人の自由から多数者の自由，そして全員の自由というふうに進化し発展していきます。

図54ではマルクス主義もヘーゲル主義もひとまとめにし，西洋の傍流哲学としています。ラッセルはヘーゲルの弁証法をこっぴどく攻撃しました。しかしもちろんスターリンの共産主義独裁も攻撃しています。しかしやはりヘーゲルとマルクスを同じ穴の狢（むじな）とするのは，はばかられます。それゆえ図54のⓔには特別の場所を与えました。ヘーゲルはやはりフランス革命を肯定して自由というものをきちんと評価していたからです。天安門事件では天安門広場で巨大な自由の女神の像が立てられました。しかしそれは戦車によって

踏みにじられたのです。

　もう一度図54に戻りましょう。筆者がいちばん憂慮をもってとり組んでいるのは，もちろん⒟をめぐる問題です。⒟に較べれば⒟を除く⒜，⒝，ⓒ，ⓔは過ぎ去った問題です。しかし⒟は現在のきわめてアクチュアルな問題です。⒟の問題を知らぬふりをして，黙殺するという態度もありうるのですが，筆者個人としてはそういう態度をとりたくありません。

　ところで⒟の革命₂と独裁₂は，もとはといえばロシアを含むヨーロッパからアジアにもち込まれた思考法なのです。日本という立場に立っていいますと，幕末以来，日本は西欧からあらゆるものを学びました。そして哲学もご多分に洩れません。本書は西洋から輸入したさまざまの哲学を紹介することがその任務でした。しかし西洋の哲学がどれも優れたものだと思い込むのは間違いです。そこで筆者なりに選別を試みました。まず西洋哲学の主流あるいは本流が何かを抽き出しました。そしてこの本流こそは敬服に値するものであり，喜んで移入すべきものだと考えました。そしてそれが第1部の叙述です。しかしそれだけでは西洋哲学の全貌を見渡したことになりませんので第2部として傍流の哲学をとり上げました。もちろんカントの哲学やヘーゲルの哲学を傍流というのはけしからんという人々が日本にはいることは承知しております。しかし傍流といったのは第1部の主流哲学からはみだす部分だと考えてください。第1部の主流哲学がきわめて優秀だとわかった上は，傍流はそれより劣っていると考えざるをえません。だとすればそうした傍流の哲学を優先的に輸入することは賢明とはいえません。仮に傍流の哲学を学ぶとしてもそれを全面的に承認するのでなしに場合によっては反面教師として扱うくらいの主体性をもつことは当然のことです。

　傍流の哲学は二流を意味しますが，それを学んで悪いということ

はありません。例をあげますと，ドイツ観念論は仏教と親近性があ\
りますのでそれを研究し日本の仏教とリンクさせるという試みがな\
されています。そしてそれに対し異議を申し立てる理由はありませ\
ん。しかしマルクスの思想を変質させたレーニン，スターリンの哲\
学は戦後民主主義国となり自由主義国となった日本としては絶対に\
受け容れることはできません。つまり日本国民は独裁制を強烈に打\
ち出す思想を拒否できるまでに成長してきたからです。そしてその\
ことは日本国憲法でも示されているとおりです。

　とすれば西洋哲学を研究する上で，哲学の古典の中に埋没するの\
もいいのですが，西洋哲学たるものがなぜ独裁の哲学という剣呑で\
迷惑な鬼子を産み出したかの事情と理由を突き止める努力を試みる\
のも大切だと思います。この仕事を当の西欧人に任せるのもいいの\
ですが，それは自己解剖という辛い仕事ですので，いちおうの局外\
者である日本人がやってみれば成功するかもしれません。しかしそ\
の場合の解剖も第1部で紹介した本流の西洋思想の流儀を借りてお\
こなうことになるでしょう。筆者も目下その解剖を試みてはいます\
が，その成果は今後のおたのしみといたします。

　最後に筆者の長ったらしい西洋哲学史談義にお付き合いくださり，\
貴重なお時間を消費させてしまったことをお許しくださるようお願\
いいたします。

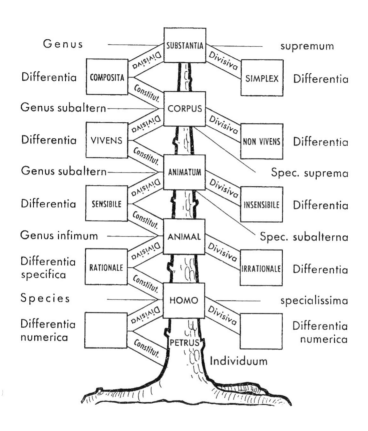

図I　ポルフィリオスの樹

Gredt：*Elementa Philosophiae Aristotelico-Thomisticae*（1961）より転載させてもらった図です。この樹が20世紀まで現役で活躍していることに注目してください。

図 II ハッセ図

この図はハッセ方式による論理学の構造図です。建築家のラーメン（骨組）構造図とは違うことに留意してください。この図の中から平叙論理学と義務論理学をとり出すことができます。

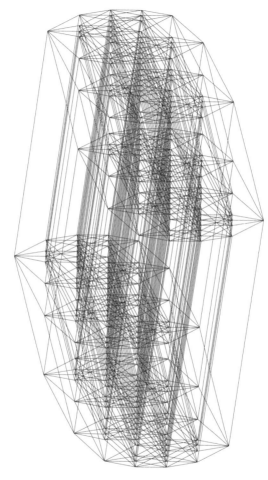

この図の原図は世界で初めて筆者が書き上げましたが、きれいな仕上げは京大の図学研究室の学生さんに頼みました。謝礼を8,000円出したことは覚えていますが、彼の名前を失念しました。お詫び申し上げます。

233

あとがきとして

　なんとか西洋哲学史の談義を書き終えることができました。最後にこの書の題名を考えるという段取りになりましたが，出版のこととなると不案内な筆者には大した智恵が浮かびません。しかしこの書の刊行を引き受けてくださった編集者の十川治江さんから名案を授かりました。そしてそれが『図解き　論理的哲学史逍遥』です。

　逍遥という名のとおり，本書はトピックが目まぐるしくあちこち移動しています。京都で有名な哲学の道が一筋道であるのとは大分違います。だから確かに逍遥というネーミングがあてはまります。

　しかし筆者個人としては「逍遥」ということばには思い入れがあります。本書の始めに触れましたが，筆者は戦後間なしに旧制第三高等学校に入学しました。そして「紅もゆる岡の花」で始まる三高の寮歌「逍遥の歌」をみんなでがなりたてていました。そこまでは呑気でよかったのですが，三高から京大哲学科へ入ってからは大変

でした。それからの筆者は逍遙どころではなく彷徨の連続でした。

　しかしそれは当然のことです。学問の世界では真理を探すまでは大量の試行錯誤の連続です。そしてあげくの果てに真理を見つけることなく一生を終えるという恐ろしい世界です。

　筆者も積んでは崩しの作業を続けました。しかし幸いに前方に光を見出しました。そしてその光をめざして歩んだ道筋が第1部で示された内容です。

　第1部の話はサクセス・ストーリーとまではいきませんが，希望のもてる道であることは確かです。もちろんこれは筆者一人が拓いた道ではなしに，その端緒は古代ギリシアで見出されていたものです。そしてそれが232頁のポルフィリオスの樹です。

　しかし一見すればわかるように，この図はまだ幼稚なものです。この図だけではとても完成態とはいえません。そこで筆者はこの未完成の図の中に潜む可能性を引き出すべくいろいろ試みた結果，厳密に論理的な抽象的構造体に到達しました。そしてそれが233頁のハッセ図なのです。

　この図は筆者が編み上げたものですが，後になってこれこそが西洋哲学のたどった歴史そのものだと気がつきました。しかしながら西洋哲学史はもとより一本道ではありません。正統な道が見つかったからには，それ以外の道も気になります。そこでそれを第2部でとり上げました。こちらの道は一口でいいますと Ring Wandering にほかなりません。リング・ワンダリングとは濃霧や吹雪などで方向感覚を失い，同じところをぐるぐる回ることです。

　それはとにかくとして，第2部の道は円環の図で表現できる思想ですが，第1部の道はハッセ図で示されるように一方向性の思想です。直線と円環のどちらをとるかとなればそれは個人の好みにまかすしかありません。おそらくどちらも必要だという人もいるでしょう。

筆者は哲学がそうした大きな自由度をもった学だということを否定するつもりはありません。人類が絶滅しない限り、哲学の道にはまだまだ先へと続く道があるはずだと確信しております。

2020年4月21日
コロナ・ヴィールスが世界中を震撼させているさ中に、
洛西、晦棲窟にて

補足したいこと

1——ポルフィリオスの樹の図が使われているペトルス・ヒスパーヌスの著書の全訳と解説は『ヒスパーヌス 論理学 綱要』(京都大学人文科学研究所 1981) で見られます。ただしこれは非売品ですので図書館でしか見られません。

2——第2部のカントの所説は『前批判期論集 第I』《カント全集2》(理想社 1965) で見られます。

3——ハッセ図については『論理学史』(岩波全書 1983) が参考になります。

4——『思想としての動物と植物』(八坂書房 1994) は,『動物と西欧思想』(中公新書 1974) と『植物と哲学』(中公新書 1977) を合本して再刊したものです。この本は動物と植物を扱った図像を博捜してそこにかくされている哲学を掘り起こしたものです。しかしそうした「絵解き」の手法に満足できず,模索の末,本書に見られる「図解き」の段階に到りついたというわけです。

著者紹介

山下正男（YAMASHITA, Masao）
1931年生まれ。京都大学人文科学研究所名誉教授。
主な著書に『新しい哲学：前科学時代の哲学から科学時代の哲学へ』（培風館 1967），『科学時代をどう生きるか：科学と科学でないもの』（講談社現代新書 1967），『論理学史』（岩波全書 1983），『論理的に考えること』（岩波ジュニア新書 1985），『思想としての動物と植物』（八坂書房 1994），『思想の中の数学的構造』（ちくま学芸文庫 2006）など。
主な翻訳書に，ショルツ『西洋論理学史』（理想社 1960），カント『前批判期論集 第I』《カント全集2》（理想社 1965），W. C. サモン『論理学』（培風館 1967），『パース 論文集』《世界の名著 48》（中央公論社 1968），W. v. クワイン『論理学の哲学』（培風館1972），ライプニッツ『中国学』《ライプニッツ著作集 第I期 10》（工作舎 1991）などがある。

図解き**論理的哲学史逍遙**
ポルフィリオスの樹にはじまる

発行日

2020年9月10日

著者

山下正男

エディトリアル・デザイン

宮城安総＋小倉佐知子

印刷・製本

シナノ印刷株式会社

発行者

岡田澄江

発行

工作舎

editorial corporation for human becoming

〒169-0072

東京都新宿区大久保2-4-12

新宿ラムダックスビル12F

phone：03-5155-8940

fax：03-5155-8941

www.kousakusha.co.jp

saturn@kousakusha.co.jp

ISBN 978-4-87502-520-7

ライプニッツ著作集

【第I期】新装版 全10巻
❖下村寅太郎＋山本 信＋中村幸四郎＋原 亨吉＝監修

バロックの哲人の普遍的精神の全容を精選・翻訳した本邦初、世界に類のない著作集。論理学、数学、自然学、哲学、宗教から中国学・地質学・普遍学まで、多岐にわたる主要著作を総合的に編集。
●A5判上製●定価　本体8200円〜17000円＋税

【第II期】全3巻
❖酒井 潔＋佐々木能章＝監修

第1巻『哲学書簡』から、第2巻『法学・神学・歴史学』、第3巻『技術・医学・社会システム』まで、生涯宮廷顧問官として活躍したライプニッツの「理論×実践」を貫いた生き様を追う。
●A5判上製●定価　本体8000円〜9000円＋税

ライプニッツ術

❖佐々木能章

ライプニッツの尽きることのない創造力の秘密はどこにあるのか。「発想術」「私の存在術」「発明術と実践術」「情報ネットワーク術」の四つの視座から哲学の生きた現場に迫る。
●A5判上製●382頁●定価　本体3800円＋税

形而上学の可能性を求めて

❖山本 信ほか

ライプニッツとウィトゲンシュタイン、心と身体、時間と無…。戦後日本哲学界を支えた山本信の論文を精選。加藤尚武ら学統による論考・エッセイから、大森荘蔵との親交、思想の精髄が明らかに。
●A5判上製●464頁●定価　本体4000円＋税

寛容とは何か

❖福島清紀

様々な対立によって引き裂かれた世界のなかで、寛容は共存の原理たりうるか？　ヴォルテール、ジョン・ロック、ライプニッツ等の寛容思想の系譜を辿りながら、現代に問いを投げかける。
●A5判上製●392頁●定価　本体3200円＋税

デカルト、コルネーユ、スウェーデン女王クリスティナ

❖エルンスト・カッシーラー

17世紀、隆盛を誇ったスウェーデンの女王クリスティナ。その突然の退位とカトリックへの改宗は、師デカルトの影響か。英雄的精神と至高善を探求した、カッシーラーの隠れた名篇。
●A5判上製●200頁●定価　本体2900円＋税